# EVANGELIZACIÓN Y CATEQUESIS EN EL MINISTERIO HISPANO

I0086391

## Guía para la formación en la fe

### Hosffman Ospino

LIBROS LIGUORI
One Liguori Drive ▼ Liguori, MO 63057-9999

Imprimi Potest:
Harry Grile, CSsR, Provincial
Provincia de Denver, Los Redentoristas

Publicado por Libros Liguori
Liguori, Missouri 63057

Pedidos al 800-325-9521
www.librosliguori.org

**Library of Congress Cataloging-in-Publication Data**

Ospino, Hosffman.
  Evangelización y catequesis en el ministerio hispano: guía para la formación en la fe.
    pages cm

  pISBN: 978-0-7648-2416-6
  eISBN: 978-0-7648-6874-0

1. Church work with Hispanic Americans—Catholic Church. 2. Hispanic American Catholics—Religious life. 3. Catholic Church. Catechismus Ecclesiae Catholicae. 4. Catechetics—Catholic Church. 5. Spiritual formation—Catholic Church. I. Title.

  BX1407.H55O87 2014
  268'.827308968--dc23

                              2013043695

Libros Liguori, una corporación sin fines de lucro, es un apostolado de los Padres y Hermanos Redentoristas. Para más información, visite Redemptorists.com.

Impreso en Estados Unidos de América
17 16 15 14 13 / 5 4 3 2 1

Primera edición

# Contenido

A mi hija Victoria Guadalupe

quien nació justo cuando terminaba este libro.

Gracias por ser presencia de Dios en nuestro hogar,

fuente de inmensa alegría para tu mamá, tu papá

y tu hermanito William Francisco

# Introducción

"La Iglesia existe para evangelizar," nos recordaba con entusiasmo el Papa Pablo VI en 1975. Es lo que la Iglesia ha hecho cerca de dos mil años, la razón por la cual existe en la historia: para dar testimonio de la Buena Nueva de Cristo resucitado. La invitación a evangelizar retumba constantemente en iglesias, grupos de oración, movimientos apostólicos, comunidades religiosas y en muchas otras áreas de la vida de la Iglesia. Ser cristiano católico significa vivir como discípulos del Señor, dando testimonio de las obras maravillosas que Dios ha hecho en nuestras vidas. Con esa misma convicción, a comienzos del siglo XXI los católicos hablamos de una Nueva Evangelización, es decir, del esfuerzo renovado de compartir con nuevo ardor, nuevos métodos y nuevas expresiones que ser cristiano vale la pena. Que el Señor ha hecho obras grandes por nosotros. Que su Palabra es Palabra de vida eterna. Que lo que hemos experimentado y vivido en la fe deseamos compartirlo con las nuevas generaciones. Que Cristo sigue siendo el Camino, la Verdad y la Vida, aun cuando muchos digan no creer en Él o todavía no le conozcan.

Al centro de la Nueva Evangelización se encuentra la catequesis. Si Cristo ha de ser anunciado con pasión renovada, se necesita urgentemente una catequesis que lo presente con integridad. Nadie da de lo que no ha recibido. Cada vez es más urgente una catequesis que sea auténticamente evangelizadora, que conduzca a un encuentro transformador con Jesucristo. La catequesis evangelizadora es una experiencia en la que se comparte la fe teniendo en cuenta sinceramente la realidad de los creyentes, sus inquietudes, necesidades, su manera de relacionarse con otros y la realidad en que vivimos. Esta catequesis anuncia la Buena Nueva, aclara interrogantes y nos adentra en las profundidades de los misterios de la fe. Es una catequesis que en última instancia, después de llevarnos a la contemplación del Misterio Pascual, nos impulsa a dar testimonio como discípulos misioneros.

La relación entre evangelización y catequesis es el tema central del presente libro. El contexto dentro del cual se enmarca esta reflexión es el ministerio hispano, es decir *el esfuerzo de atención pastoral y espiritual que la Iglesia en Estados Unidos realiza como parte de su misión evangelizadora con los bautizados cuyas raíces étnicas, culturales y religiosas están insertas en la herencia hispana tal como se vive tanto en Latinoamérica, el Caribe, España y el territorio estadounidense.* El catolicismo en Estados Unidos se encuentra en medio de una transformación demográfica y cultural profunda, al centro de la cual están los católicos hispanos. Cerca de la mitad de todos los católicos en Estados Unidos son hispanos; se estima que en tres décadas los hispanos constituirán dos tercios de la población católica estadounidense. El vigor del catolicismo en este país en el siglo XXI dependerá significativamente de la calidad de los esfuerzos de evangelización y catequesis entre los católicos hispanos. ¿Es esto motivo de preocupación o de esperanza? Un poco de los dos como veremos en el trascurso de este libro.

Nos encontramos en un momento histórico en el cual el éxito de la Nueva Evangelización en Estados Unidos está íntimamente ligado a la experiencia católica hispana. Sin lugar a dudas los católicos hispanos han de ser considerados simultáneamente beneficiarios y agentes esenciales de la Nueva Evangelización. No hacerlo simplemente conducirá a un estado de negligencia pastoral inaceptable.

Este breve trabajo propone varias ideas para enfocar la conversación sobre la evangelización en las comunidades parroquiales y en las pequeñas comunidades eclesiales que atienden a la población católica hispana. No es un libro de fórmulas que buscan resolver problemas pastorales. ¡El ministerio hispano no es un problema; es una oportunidad para la Iglesia en nuestro país! Tampoco es un currículo a seguir, aunque está escrito para inspirar iniciativas curriculares. Este es un libro que busca ayudar a poner en perspectiva los esfuerzos de evangelización y catequesis entre católicos hispanos en la Iglesia Católica en Estados Unidos. Los primeros dos capítulos ofrecen una idea general de ciertas reflexiones clave llevadas a cabo en el contexto del ministerio hispano y cómo estas inspiran una catequesis que pudiéramos llamar "hispana". Los siguientes dos capítulos proveen categorías clave para hablar de catequesis hoy en día, en el contexto de la Nueva Evangelización, haciendo las conexiones necesarias con la realidad católica hispana. Los siguientes tres capítulos entran más de lleno en áreas directamente relacionadas con el tipo de catequesis y evangelización necesarias en el ministerio hispano. El último capítulo cierra con una reflexión sobre la necesidad de enmarcar nuestras reflexiones sobre el ministerio hispano a la luz de la realidad multicultural que caracteriza a la Iglesia Católica en Estados Unidos.

Si tuviésemos que usar unas cuantas palabras para señalar la mayor contribución de este libro, ofrezco dos: visión y llamado. **Visión** en cuanto propone un horizonte para hablar de la evangelización y la catequesis invitando a una reflexión crítica. **Llamado** porque está escrito en un tono de urgencia e invitación. Es un llamado urgente a todos los líderes pastorales en nuestras comunidades de fe a hacer un compromiso serio con la evangelización de los católicos hispanos, acogiéndoles, asignando recursos, dedicando tiempo y formando líderes.

*Evangelización y catequesis en el ministerio hispano: Guía para la formación en la fe* es un libro ideal para todo aquel que está a favor de la promoción de esfuerzos evangelizadores en bien de la comunidad hispana: catequistas, servidores pastorales laicos, obispos, sacerdotes, religiosas y religiosos, diáconos permanentes, líderes de movimientos eclesiales, maestros, administradores en parroquias y escuelas católicas, líderes de la *Pastoral Juvenil Hispana*, personal diocesano y padres de familia. El libro ciertamente debiera usarse en programas de formación de liderazgo pastoral y de catequistas. También en equipos pastorales que planean iniciar o mejorar las acciones de evangelización en el contexto del ministerio hispano.

Que el Señor bendiga a todos los que han aceptado el llamado a ser discípulos misioneros del Señor Jesucristo particularmente en el contexto del ministerio hispano en Estados Unidos. Su compromiso evoca las palabras del profeta Isaías: Qué bien venidos, por los montes, los pasos del que trae buenas noticias, que anuncia la paz, que trae la felicidad, que anuncia la salvación, y que dice a Sión: «¡Ya reina tu Dios!»" (Is 52:7).

Hosffman Ospino
23 de Agosto del 2013
Fiesta de Santa Rosa de Lima

# 1. La catequesis en el contexto del ministerio hispano

Una mirada rápida a los rostros de los feligreses que vienen cada domingo a Misa en las cerca de 17.000 parroquias católicas en Estados Unidos nos permite confirmar que el catolicismo en Estados Unidos es una experiencia profundamente diversa. Si la Iglesia Católica representa una comunidad universal a la cual Dios invita a mujeres y hombres de todas las esquinas del mundo, en el caso de Estados Unidos nos encontramos con un microcosmos de esa universalidad de la Iglesia. Esto se debe en gran parte a la experiencia de millones de católicos de todas partes del mundo que durante varios siglos han inmigrado a este país buscando oportunidades y de paso han establecido comunidades vibrantes en las cuales se da testimonio de Cristo resucitado.

No hace muchos años, la mayoría de la población en las comunidades parroquiales católicas en Estados Unidos era de origen anglosajón. Con las grandes olas migratorias desde Europa durante el siglo XIX y comienzos del siglo XX, los católicos anglosajones y sus descendientes fundaron miles de parroquias, escuelas, y otras organizaciones que hicieron del catolicismo una fuerza con bastante influencia en la sociedad estadounidense. Hoy en día los católicos somos el 25 por ciento de la población estadounidense. Sin embargo, en las últimas cinco décadas, esta población católica ha experimentado una transformación poblacional significativa. Desde mediados del siglo XX, gracias a políticas migratorias que han facilitado la llegada constante de latinoamericanos a Estados Unidos y a una alta tasa de natalidad entre los latinos, cada diez años la población hispana se ha duplicado. Puesto que la mayoría de los inmigrantes latinoamericanos son católicos–aproximadamente un 70 por ciento–su presencia ha transformado directamente la experiencia católica en este país. En menos de cincuenta años, el catolicismo ha pasado de ser una experiencia considerablemente anglosajona a una experiencia multicultural con un profundo sabor latino. De todos los católicos en Estados Unidos, cerca del 40 por ciento son latinos; de todos los católicos menores de 18 años en el país, aproximadamente el 55 por ciento son latinos.

Esto exige que los agentes pastorales en la Iglesia en Estados Unidos, en especial los catequistas y maestros de la fe católica, conozcamos bien las culturas, las experiencias y las necesidades de las población católica latina para ser efectivos en nuestra tarea de construir Iglesia en el aquí y ahora de la realidad estadounidense.

## Los latinos en la experiencia católica estadounidense

Con frecuencia nos encontramos con narrativas y libros de historia del catolicismo en Estados Unidos que tratan la experiencia anglosajona o euroamericana como punto de partida del catolicismo en esta tierra. No es raro notar que esta experiencia anglosajona se considere como normativa al hablar de catolicismo. La Diócesis de Baltimore fue la primera diócesis católica que se estableció en el país en 1789, pocos años después de la declaración de independencia de Estados Unidos en 1776. Más adelante se convertiría en arquidiócesis. John Carroll, hijo de un irlandés y una descendiente de ingleses, fue nombrado como el primer obispo estadounidense. De ahí en adelante la historia del catolicismo estadounidense sería interpretada a través de los ojos de la experiencia euroamericana. ¿Pero olvidan los historiadores algo?

La historia del catolicismo en Estados Unidos de hecho va mucho más allá de la fundación de la Diócesis de Baltimore y del nombramiento del primer obispo de raíces anglosajonas en 1789.

¡La historia del catolicismo en lo que hoy en día es Estados Unidos comenzó más de doscientos años antes de estos eventos! Esos años que a veces no se registran en la memoria de nuestras comunidades católicas y la de muchos de nuestros líderes, de hecho contienen un sello profundamente hispano. También francés si miramos al norte del país, especialmente al territorio cercano a Canadá. Los primeros pobladores católicos en el territorio estadounidense fueron españoles. La primera misión católica que se estableció en 1565 en San Agustín, Florida, fue latina. Por muchos años los primeros esfuerzos de evangelización y misión corrieron por cuenta de españoles, descendientes de españoles, mestizos y mulatos, todos con raíces profundamente latinas. Para poder hablar de catequesis y ministerio hispano es importante que comencemos afirmando que nuestra presencia como latinos en el territorio estadounidense tiene casi cinco siglos de historia.

La experiencia de los católicos hispanos en la Iglesia en Estados Unidos pudiera definirse como ambivalente. Ha habido momentos de luz, pero también momentos de sombra. Estos momentos en gran parte han reflejado la historia de la población hispana en el resto de la sociedad. Es importante tener en cuenta, por ejemplo, que en 1848 Estados Unidos adquirió un territorio que constituía casi la mitad de México y todos los mexicanos de aquel entonces comenzaron a ser parte de un país en donde no siempre fueron acogidos con los brazos abiertos. Como mexicoamericanos, estos latinos y sus descendientes han vivido siglo y medio de luchas tratando de afirmar su identidad y dignidad. Por largos años fueron discriminados por hablar español, por no tener piel blanca y muchos por ser pobres. Muchos perdieron sus tierras, a otros no les reconocieron sus derechos civiles, e incluso a los hijos de familias mexicoamericanas con frecuencia se les impidió acceder a la educación básica. Dicha marginalización se vivió también en comunidades católicas en las cuales no se validaba el idioma español ni se daba la bienvenida a los latinos. Poco se hizo por afirmar el liderazgo de los católicos latinos. En muchas partes los latinos católicos fueron ignorados por líderes pastorales que estaban más interesados en establecer y apoyar comunidades de origen europeo.

En 1898 España pierde la guerra hispanoamericana con Estados Unidos y como resultado Puerto Rico pasa del dominio español al control político y económico estadounidense. El catolicismo en la isla imperaba como religión pero después de los hechos de finales del siglo XIX entraría en un período de declive, en gran parte causado por la falta de conexión cultural por parte de los nuevos líderes católicos que llegaron a la isla. Al mismo tiempo el catolicismo y el uso del idioma español han servido a los puertorriqueños como instrumentos de resistencia cultural y así afirmar su identidad frente a la fuerte influencia asimiladora de la cultura norteamericana.

A mediados del siglo XX la revolución cubana de 1959 acelera profundamente un proceso de migración de cubanos que los convertiría en el tercer grupo más grande de latinos en Estados Unidos. La mayoría de ellos católicos. Esta primera generación se conformaba en gran parte de cubanos profesionales y con amplios recursos económicos que les permitieron establecerse rápidamente en su nueva tierra. En las siguientes décadas, miles más de cubanos llegarían a Estados Unidos, aunque esta vez su nivel socioeconómico era diferente. La presencia cubana exigió que la Iglesia respondiera con medios específicos de acción pastoral de acogida y apoyo. Sin lugar a dudas, las comunidades donde se han establecido los católicos cubanos desarrollaron una identidad cultural y religiosa bien definida.

Después de la ley de inmigración y nacionalidad de 1965, el gobierno de Estados Unidos facilitó la llegada de inmigrantes desde Latinoamérica. Durante estas últimas décadas y casi sin parar, millones de inmigrantes latinoamericanos, la mayoría de México, han cruzado la frontera del sur (con y sin documentos migratorios). Se puede decir que la mayoría de estos inmigrantes latinoamericanos ha llegado huyendo principalmente de la pobreza y de la falta de oportunidades para el crecimiento tanto personal y familiar en sus países de origen. Muchos centroamericanos han llegado a Estados Unidos huyendo del sinsentido de la guerra y de la violencia. Otros han migrado como resultado de desastres naturales que les han dejado sin nada. Algunos inmigrantes latinoamericanos han llegado como profesionales o personas de negocios y deciden quedarse por las oportunidades que encuentran en esta nueva tierra. A todos estos grupos se les han unido miles de inmigrantes caribeños de habla hispana que han llegado a Estados Unidos por razones similares. Para la Iglesia Católica, esta presencia latina ha tenido un impacto profundo pues, como dijimos anteriormente, cerca del 70 por ciento de todos estos inmigrantes latinoamericanos y caribeños son católicos.

### Fechas clave para recordar

| | |
|---|---|
| **1492:** | Cristóbal Colón llega a la isla de Hispaniola |
| **1565:** | Primera parroquia (misión) católica en el país en San Agustín, FL – Fundada por misioneros españoles |
| **1776:** | Estados Unidos declara su independencia |
| **1789:** | Fundación de la diócesis de Baltimore, primera diócesis católica del país (¡más de 200 años después de presencia hispana en el territorio estadounidense actual!) |
| **1848:** | El suroeste, antes parte de México, es anexado a Estados Unidos |
| **1898:** | España pierde la guerra Hispano-Americana y Puerto Rico comienza a ser parte de Estados Unidos |
| **1959:** | Revolución Cubana |
| **1965:** | Ley de Inmigración y Nacionalidad |

Antes de adentrarnos más en lo que significa catequizar, compartir la fe y evangelizar en el contexto de la realidad hispana, necesitamos reconocer algo muy importante. La experiencia católica en Estados Unidos ha sido ampliamente forjada por el esfuerzo y el compromiso de los millones de católicos europeos que llegaron durante el siglo XIX y comienzos del siglo XX, al igual que de sus descendientes. Fueron estos católicos euroamericanos los que construyeron miles de iglesias y escuelas, cientos de universidades, establecieron organizaciones y comenzaron a participar en las estructuras sociales y políticas de nuestra sociedad como católicos. La experiencia de Iglesia que heredamos hoy en día, las nuevas generaciones de católicos de todas las culturas y etnicidades en Estados Unidos, ya sea inmigrantes o nacidos en este país es, en gran parte, el resultado de la experiencia euroamericana. Por supuesto, no siempre estos católicos tomaron las mejores decisiones, pues como vimos anteriormente en muchas ocasiones se ignoró la presencia latina y en otras lamentablemente se trató a ciertos grupos étnicos con actitudes racistas. Sin embargo, esta es la historia del catolicismo en Estados Unidos, una historia que con altibajos y ambivalencias sirve como trasfondo de lo que hoy en día llamamos el ministerio hispano.

## ¿Qué es el ministerio hispano?

Comencemos con una definición general: *el ministerio hispano es el esfuerzo de atención pastoral y espiritual que la Iglesia en Estados Unidos realiza como parte de su misión evangelizadora con los bautizados cuyas raíces étnicas, culturales y religiosas se insertan en la herencia hispana tal como se vive tanto en Latinoamérica, el Caribe, España y el territorio estadounidense.*

Esta definición nos permite reconocer que la Iglesia como comunidad de fe, es decir como pueblo de Dios llamado a dar testimonio del misterio de Cristo resucitado aquí y ahora, promueve su misión en el contexto específico en el que se mueven los bautizados. No se trata de una evangelización abstracta o de modelos pastorales a los cuales todos tienen que adaptarse. Se trata de identificar el rostro de aquellas personas a quienes Dios ha llamado a experimentar el amor de Cristo y a caminar con ellas a lo largo de esas mismas circunstancias en las que ellas viven. El ministerio hispano es responsabilidad de todos los católicos en el país, no solo de los hispanos o de quienes hablan español. Es el proceso en que la comunidad eclesial entera en Estados Unidos acompaña a los latinos en su itinerario de encuentro con el Dios de la vida revelado en Jesucristo. El ministerio hispano es ante todo una acción eclesial de *acompañamiento*.

En este proceso de acompañamiento, los líderes pastorales involucrados en el ministerio hispano nos encontramos ante una tarea compleja pero enriquecedora. La complejidad del ministerio hispano reside en gran parte en la complejidad de experiencias que forman parte de más de cerca de sesenta millones de hispanos que viven en Estados Unidos, la mayoría católicos. Quizás lo primero que hemos de decir es que no existe una sola fórmula o una manera homogénea o universal de llevar a cabo el ministerio hispano. En la sección anterior vimos brevemente que existen distintas historias que están detrás de las varias comunidades latinas en este país.

Hay comunidades latinas, como en el caso de los mexicoamericanos, que han estado presentes por muchas generaciones en lo que hoy es el territorio estadounidense, siendo pioneros de este país. Otro grupo grande de latinos provenientes, literalmente, de todas las naciones y pueblos de habla hispana en el mundo entero, ha llegado como parte de la ola migratoria latina que de manera casi ininterrumpida marcó el siglo XX y que transformó grandes sectores de la sociedad norteamericana y más profundamente la Iglesia Católica. ¡Pero el grupo más grande de latinos en Estados Unidos no fue ni anexado ni es fruto de la inmigración sino que nació en este país! De acuerdo a la Oficina del Censo de Estados Unidos, más del 60 por ciento de los latinos nació en este país—y el número sigue creciendo. Probablemente es más adecuado hablar de varias modalidades de ministerio hispano: ministerio hispano con los inmigrantes primordialmente en español, aunque también en lenguas indígenas pues hay muchos indígenas inmigrantes de Latinoamérica cuyo primer idioma no es el inglés ni el español. Ministerio hispano con latinos que nacieron o crecieron en Estados Unidos y hablan solo inglés o que prefieren este idioma en su vida diaria. Hay que hablar también de formas de ministerio hispano más especializado para responder a las necesidades, por ejemplo, de exiliados, o profesionales, o víctimas de guerras y violencia, etc.

El ministerio hispano en Estados Unidos se enfoca en la realidad de una comunidad a la que afectan profundamente situaciones sociales y económicas muy específicas que no podemos ignorar. Las vidas de los latinos en Estados Unidos no se desenvuelven en el aire o de manera neutral. Es imposible ignorar que la gran mayoría de latinos en Estados Unidos vive en la pobreza o cerca de los niveles de pobreza; el nivel educativo de los latinos es sumamente bajo en comparación con muchos otros grupos y el acceso a educación de calidad sigue siendo un reto enorme para muchas familias latinas. Sin buena educación, cada vez es más difícil para los latinos integrarse mejor a las estructuras de la sociedad norteamericana y ser parte de la movilidad social que caracteriza al "sueño americano". Los niveles de violencia doméstica entre los latinos, al igual que las tasas de encarcelación de jóvenes latinos y los embarazos entre las jóvenes adolescentes, son increíblemente altos. La atención que como iglesia damos a los jóvenes latinos es bastante precaria al punto de que gran parte de

> *El ministerio hispano es el esfuerzo de atención pastoral y espiritual que la Iglesia en Estados Unidos realiza como parte de su misión evangelizadora con los bautizados cuyas raíces étnicas, culturales y religiosas están insertas en la herencia hispana tal como se vive tanto en Latinoamérica, el Caribe, España y el territorio estadounidense.*

ellos, posiblemente la mayoría de latinos de segunda y tercera generación cuyos padres y abuelos seguramente eran católicos, han dejado de identificarse con el catolicismo o simplemente no encuentran acogida en nuestras comunidades de fe. Con tristeza sabemos que en ocasiones los latinos son víctimas de actitudes racistas en nuestra sociedad, algo que se palpa con claridad cada vez que se habla de asuntos migratorios. La participación de los latinos en posiciones de liderazgo, tanto en la sociedad como en la Iglesia, sigue siendo muy elemental. Sin un liderazgo propiamente formado y apoyado, es muy difícil para los católicos latinos asumir más responsabilidades en el contexto estadounidense. Acompañar al pueblo católico latino en Estados Unidos por medio del ministerio hispano exige que estemos atentos a todas estas realidades, que las discutamos en nuestras comunidades, que pensemos en respuestas y que actuemos inspirados en la riqueza de nuestra fe cristiana.

En muchas partes de Estados Unidos, especialmente en el suroeste aunque también en muchas zonas urbanas del resto del país, hablar de ministerio hispano es hablar de la tarea pastoral de la Iglesia Católica casi en su totalidad. En otras partes la población hispana apenas está creciendo, pero poco a poco está transformando comunidades completas y exigiendo acompañamiento espiritual. Los latinos están presentes en todas las diócesis católicas de Estados Unidos, lo cual exige una respuesta pastoral. Es tentador pensar que, en aquellas partes del país y aquellas comunidades parroquiales en donde los latinos son minoría numérica, el ministerio hispano es opcional o es responsabilidad solo de los latinos o de aquellos interesados en trabajar con ellos. Dicha actitud es la que ha llevado a prácticas pastorales que marginan a la comunidad hispana en nuestras estructuras eclesiales y no responden a sus necesidades más urgentes. El ministerio hispano en Estados Unidos es responsabilidad de toda la Iglesia, desde los obispos hasta los agentes pastorales parroquiales y catequistas. Por ello es urgente que todo programa de formación pastoral, especialmente los seminarios, universidades que preparan teólogos y ministros pastorales, e institutos pastorales sean espacios para crear conciencia de esta realidad. Aun cuando la presencia latina sea pequeña o todavía no exista a nivel parroquial, es una responsabilidad pastoral para los católicos en Estados Unidos conocer y entrar en diálogo con la experiencia católica hispana.

## La catequesis como parte del ministerio hispano

Una de las tareas más importantes en el contexto del ministerio hispano es la catequesis. A diario los católicos latinos llegan a las parroquias buscando catequesis pre-sacramental, especialmente catequesis pre-bautismal, catequesis de preparación para la Primera Comunión, la Confirmación, y el Matrimonio. También muchos latinos llegan a las comunidades parroquiales con el interés de conocer más su fe cristiana católica. Por eso muchos llegan buscando cursos de estudio bíblico, cursos básicos de formación en la fe, cursos de liderazgo pastoral y cursos que les ayuden a fortalecer su vida espiritual. ¿Qué clase de catequesis es necesaria y deseable en el contexto del ministerio hispano? El resto de este libro buscará ofrecer algunas guías para responder a esta pregunta. Por ahora vale la pena hacer dos observaciones muy importantes.

La catequesis en el contexto del ministerio hispano tiene las mismas características y metas de la catequesis en cualquier otro contexto ministerial de la Iglesia en el mundo entero. De acuerdo con el Directorio General para la Catequesis, promulgado en 1997, el propósito de la catequesis es "ayudar a conocer, celebrar, vivir y contemplar el misterio de Cristo", al igual que capacitar al cristiano "para vivir en comunidad y para participar activamente en la vida y misión de la Iglesia" (n. 85-86). En el capítulo 3 de este libro volveremos a estas seis tareas. Por ahora es suficiente decir que la catequesis es una actividad eclesial que busca iniciar, sostener y fortalecer al Pueblo de Dios para que sus miembros sean testigos auténticos de la presencia de Cristo resucitado en la historia. La catequesis en el contexto del ministerio hispano en Estados Unidos ha de ser una actividad que facilite a los latinos que viven en este país el encuentro con Cristo resucitado, formando comunidades de fe vibrantes, ayudándoles a dar testimonio de que el amor de Dios se sigue manifestando verdaderamente en nuestros días.

La esperanza y la acción a las que conduce la catequesis entre los latinos tienen unas características particulares. Hablamos de una catequesis que ha de tener en cuenta las realidades sociales, culturales e históricas de los latinos en Estados Unidos. Es una catequesis que cuando habla de caminar con Jesús, hace referencia directa a caminar con el inmigrante, el exiliado, el pobre que vive marginado, el trabajador campesino, el obrero de la fábrica, el joven que está en búsqueda de su identidad, el profesional que busca nuevas oportunidades. Una catequesis que cuando promueve la celebración del misterio de Cristo resucitado, lo hace a partir del concepto de fiesta que caracteriza al pueblo latino, con sus símbolos, ritos y devociones. Una catequesis que ayuda tanto a quienes la dan como a quienes la reciben a reconocer el rostro de Cristo, especialmente en las personas más necesitadas. Una catequesis que invita a hacer preguntas profundas y proféticas sobre las razones por las cuales muchos latinos siguen sumidos en la pobreza, son marginados por el color de su piel o por su acento; razones por las que carecen del apoyo para participar más en las estructuras de la Iglesia y de la sociedad, y con frecuencia son ignorados a pesar de que su presencia es cada vez más grande en nuestras comunidades y organizaciones.

## Para la reflexión...

1. Describe en tus propias palabras tu experiencia como persona latina en Estados Unidos.

2. ¿Conocen los catequistas de tu comunidad las distintas experiencias que forman parte de la realidad latina en Estados Unidos? Si no es así, ¿qué crees que se debe hacer para que más personas sean conscientes de esta experiencia?

3. ¿Cómo definirías el ministerio hispano en tu comunidad? Teniendo en cuenta lo que se ha dicho en este capítulo, qué crees que pudiera incorporarse para que ese ministerio sea mucho más vibrante.

# 2. Aportes del ministerio hispano para una catequesis nuestra

Una de las características más interesantes del ministerio hispano católico es la intencionalidad con la cual líderes involucrados en este ministerio han discernido lo que significa ser *católico y latino* en el contexto estadounidense. En la segunda parte del siglo XX varios eventos y procesos sirvieron como oportunidades para reflexionar sobre cuál es la contribución de la presencia latina a la Iglesia en Estados Unidos. Al mismo tiempo estas fueron ocasiones para identificar los retos que enfrenta la comunidad latina, tanto al interior de las comunidades eclesiales como en el resto de la sociedad, para identificar aquello que la Iglesia necesita entender en orden a avanzar mejor en el cumplimiento de su misión. Si hay algo en lo que el liderazgo del ministerio hispano ha sido proféticamente consistente es en recordarle a todos los católicos en este país, que el éxito de la evangelización en esta parte del continente está profundamente ligada a la integración de las experiencias latinas en la vida del catolicismo estadounidense, tanto a nivel religioso como cultural. Ciertamente dicha observación tiene más sentido en estos primeros años del siglo XXI en que cerca de la mitad de la población católica estadounidense es hispana, cifra que se vislumbra en breve superará dicha proporción.

No cabe duda que las muchas reflexiones y documentos sobre el ministerio hispano en las últimas décadas sirven como punto de partida para una catequesis que auténticamente nazca de la experiencia de los católicos latinos en Estados Unidos y responda a sus interrogantes más urgentes. En este capítulo exploraremos algunas de estas conexiones. Sin embargo, antes de proceder es importante hacer un breve paréntesis histórico que nos ayude a poner en contexto estas reflexiones sobre el ministerio hispano.

En 1972 el liderazgo católico latino se reunió en Washington, D.C. para lo que se llamó el primer Encuentro Nacional Hispano de Pastoral. Esta fue una reunión histórica en la que líderes hispanos se reunieron para reflexionar sobre la realidad de los católicos latinos y a señalar claramente situaciones, estrategias y puntos de acción que moverían el ministerio durante el resto del siglo. La idea de "encuentro" estuvo cercanamente asociada a dinámicas de reflexión pastoral en Latinoamérica en donde también se hablaba de entender mejor la realidad del pueblo católico para poder servirle mejor. Tanto los católicos latinos en Estados Unidos como los latinoamericanos se inspiraron en las orientaciones del Concilio Vaticano II (1962-1965) y el entusiasmo generado por las conclusiones de la Conferencia General del Episcopado Latinoamericano reunido en Medellín en 1968. Seguirían más encuentros. El segundo Encuentro tuvo lugar en 1977, el tercer Encuentro en 1985. Un cuarto Encuentro se celebró en el año 2000. En el año 2006 jóvenes católicos latinos alrededor del país se organizaron para el Primer Encuentro Nacional de Pastoral Juvenil Hispana. Los encuentros han sido más que reuniones. Han sido ante todo procesos de reflexión profunda, de enriquecimiento espiritual y teológico, y oportunidades para forjar nuevas generaciones de líderes para el ministerio hispano. Vale la pena resaltar que el tercer Encuentro inauguró un proceso de tres años que concluyó con el *Plan Pastoral Nacional para el Ministerio Hispano*, aprobado por los obispos católicos del país en 1987.

---

**Dos documentos importantes para la planeación del ministerio hispano**

- *Plan Pastoral Nacional para el Ministerio Hispano* (1987)
- *Encuentro y misión: Un marco pastoral renovado para el ministerio hispano* (2002)

---

Aparte de los procesos de Encuentro, es importante resaltar varios simposios y reuniones regionales que se han llevado a cabo en las últimas cuatro décadas para hablar explícitamente del ministerio hispano. Algunas de estas reuniones se han enfocado en temas regionales y locales; otras han abordado temas nacionales relacionados con el ministerio hispano. En el año 2002 el Comité para Asuntos Hispanos de la Conferencia de Obispos Católicos de Estados Unidos elaboró el documento *Encuentro y misión: Un marco pastoral renovado para el ministerio hispano*, el cual fue aprobado por los obispos católicos de Estados Unidos. Este documento fue escrito quince años después del *Plan Pastoral Nacional para el Ministerio Hispano*, plan que sirve hoy en día como marco renovado para entender las reflexiones que giran alrededor de este ministerio. Vale la pena decir que *Encuentro y Misión* rea-firma varias de las ideas que acompañaron la reflexión sobre la tarea evangelizadora de la Iglesia al comenzar el tercer milenio.

> ### Encuentros Nacionales Hispanos de Pastoral
> **1972:** Primer Encuentro – Washington, D.C.
> **1977:** Segundo Encuentro – Washington, D.C.
> **1985:** Tercer Encuentro – Washington, D.C.
> **2000:** Encuentro 2000 – Los Ángeles
> **2006:** Primer Encuentro Nacional de Pastoral Juvenil Hispana – South Bend, IN

Organizaciones ministeriales como la Asociación Nacional Católica de Directores Diocesanos para el Ministerio Hispano (NCADDHM, por sus siglas en inglés) y Consejo Nacional Católico para el Ministerio Hispano (NCCHM, por sus siglas en inglés) han sido decisivas al facilitar conversaciones importantes sobre este ministerio. La vocación de muchos

> ### NCADDHM
> *Asociación Nacional Católica de Directores Diocesanos para el Ministerio Hispano*
>
> ### NCCHM
> *Consejo Nacional Católico para el Ministerio Hispano*
>
> ### ACHTUS
> *Academia de Teólogos Católicos Hispanos de Estados Unidos*
>
> ### FCH
> *Federación para la Catequesis con Hispanos*

teólogos que son parte de la Academia de Teólogos Católicos Hispanos de Estados Unidos (ACHTUS, por sus siglas en inglés) nació en el contexto del ministerio hispano y muchos seguimos activamente vinculados a esta área de la vida de la Iglesia. En los últimos años las universidades católicas que dedican recursos a formar agentes pastorales y teólogos para trabajar más efectivamente en el ministerio hispano también han comenzado a desarrollar procesos de reflexión al respecto los cuales están dando frutos bastante significativos. Los resultados de estas reuniones han generado documentos clave que han ayudado formidablemente a avanzar en las conversaciones sobre el ministerio hispano, incluyendo lo que puede ser o debiera ser un enfoque particular de la catequesis con católicos latinos.

## Una visión para la catequesis hispana

En general los documentos nacidos de la reflexión sobre la experiencia hispana en Estados Unidos y el ministerio hispano resaltan que la catequesis es una dimensión primordial en el compromiso evangelizador de la Iglesia con esta comunidad. Siguiendo un espíritu "de conjunto", varios de estos documentos son el fruto de procesos y convocatorias de líderes que trabajan en el ministerio hispano, desde obispos y teólogos hasta líderes parroquiales y catequistas, parte de ese servicio de evangelización presente en las esquinas más remotas de nuestra geografía. Esto refleja el espíritu de comunión que acompaña muchas de las reflexiones sobre el ministerio hispano. La voz que aparece en tales documentos es la voz de un pueblo que, guiado por la presencia del Espíritu Santo, discierne con la Iglesia cómo hacer posible que todo latino—y todo ser humano—experimente la riqueza del Reino de Dios.

El *Plan Pastoral Nacional para el Ministerio Hispano* propuso un objetivo general para el ministerio hispano que perfectamente puede entenderse como una visión para la catequesis con católicos hispanos:

*Vivir y promover... mediante una pastoral de conjunto un modelo de Iglesia que sea: comunitaria, evangelizadora y misionera, encarnada en la realidad del pueblo hispano y abierta a la diversidad de culturas, promotora y ejemplo de justicia... que desarrolle liderazgo por medio de la educación integral... que sea fermento del Reino de Dios en la sociedad*

Esta visión ha inspirado el ministerio hispano en Estados Unidos por cerca de tres décadas y continúa inspirándolo hoy. A la luz de esta propuesta vislumbramos diez características que han de identificar una catequesis hispana:

---

### Diez características que han de identificar una catequesis hispana

1. Al servicio de una pastoral de conjunto
2. Eclesial
3. Comunitaria
4. Evangelizadora
5. Misionera
6. Encarnada en la realidad del pueblo hispano
7. Abierta a la diversidad de culturas
8. Promotora y ejemplo de justicia
9. Que desarrolle liderazgo por medio de la educación integral
10. Que sea fermento del Reino de Dios en la sociedad

---

1. *Al servicio de una pastoral de conjunto.* Debe nacer de un plan de acompañamiento pensado por la Iglesia a favor de los católicos hispanos. No puede llevarse a cabo como obra de unos cuantos catequistas sin consultar con líderes catequéticos y pastorales, y teólogos presentes en los diversos niveles de la vida de la Iglesia; mucho menos sin consultar con la misma comunidad hispana.

2. *Eclesial.* La catequesis es una acción de la Iglesia, ocurre como parte de la misión evangelizadora de la Iglesia y su meta última es construir y fortalecer la comunión eclesial bajo la guía del Espíritu Santo.

3. *Comunitaria.* Todos los miembros de la comunidad eclesial son responsables de la catequesis. La catequesis hispana debe afirmar la dimensión comunitaria de la experiencia de los católicos latinos, cultural y religiosamente.

4. *Evangelizadora.* La catequesis hispana está orientada a anunciar, a tiempo y a destiempo, la Buena Nueva de Jesucristo, Hijo de Dios. Dicho anuncio comienza en la inmediatez de la realidad de los católicos hispanos—familias, vecinos, grupos, parroquias—y se extiende a todas las personas a quienes Jesucristo llama a ser sus discípulos.

5. *Misionera.* Toda catequesis debe motivar al discípulo cristiano a salir de la inmediatez de su entorno para dar testimonio de la alegría que le embarga gracias a su fe. La catequesis hispana no puede ser la excepción. En Estados Unidos la dimensión misionera de la catequesis hispana resulta más urgente al considerar ciertos retos gigantescos que enfrenta nuestra sociedad tales como el secularismo, el relativismo, la indiferencia hacia los asuntos religiosos, el individualismo, el racismo y otros prejuicios. La catequesis hispana debe conducir a la formación de personas y comunidades que sean luces de esperanza para la Iglesia y la sociedad estadounidense.

6. *Encarnada en la realidad del pueblo hispano.* La realidad del pueblo hispano en Estados Unidos está marcada por circunstancias específicas que deben ser tenidas en cuenta a medida que catequizamos y evangelizamos. Cuando Dios nos habla, nos habla como latinas latinos viviendo aquí y ahora. Por ello la catequesis debe estar profundamente inserta en la realidad de quienes participan en ella de tal manera que tenga un

impacto real y transformador en su vida.

7. *Abierta a la diversidad de culturas.* Ser cristiano católico en Estados Unidos es ser parte de una experiencia profundamente multicultural. La catequesis hispana exige que a medida que nos encontramos con la persona de Jesucristo y la riqueza de la tradición cristiana, tengamos presente que este encuentro es mediado por las muchas culturas que hacen parte de la vida de los católicos estadounidenses. Cuando la catequesis ayuda al creyente a apreciar el valor de las culturas le expone a lo que pudieran considerarse ventanas al misterio de Dios en la historia.

8. *Promotora y ejemplo de justicia.* En muchas ocasiones los católicos hispanos son víctimas de situaciones injustas y pecaminosas como el racismo, el machismo, la discriminación, la imposibilidad de acceder a recursos básicos para vivir con dignidad, entre otras. La catequesis hispana ha de ayudar a los creyentes a reconocer estas situaciones, interpretarlas y juzgarlas a la luz de los valores del Evangelio. La catequesis hispana ha de ser una catequesis profética.

9. *Que desarrolle liderazgo por medio de la educación integral.* Una de las metas de la formación en la fe es ayudar al creyente a descubrir los dones y carismas que ha recibido de Dios para ser discípulo auténtico y participar en la construcción del Reino de Dios. La catequesis hispana ha de ayudar a los católicos latinos a descubrir esos carismas al igual que ofrecer una formación integral que les potencie para seguir compartiendo su fe, ser líderes más comprometidos en la vida de la Iglesia (por ejemplo como ordenados, consagrados, ministros eclesiales laicos, teólogos profesionales, etc.) y ejercer un liderazgo transformador en la sociedad.

10. *Que sea fermento del Reino de Dios en la sociedad.* El Reino de Dios es un Reino de paz y justicia, un Reino en donde todos

estamos llamados a experimentar la plenitud de la verdad y el amor de Dios. La catequesis en el contexto hispano tiene la responsabilidad de ser instrumento de este Reino, ayudando a los católicos latinos y al resto de los miembros de la Iglesia en Estados Unidos a reconocer los signos de ese Reino al igual que los obstáculos que no le permiten crecer entre nosotros. La catequesis hispana debe ser una catequesis que busque transformar desde el inicio los corazones de quienes la reciben y a las comunidades en las que vivimos.

## La riqueza del método VER—JUZGAR—ACTUAR

En el trasfondo de muchos de los procesos que han acompañado al ministerio hispano en Estados Unidos está el método VER—JUZGAR—ACTUAR. Este es un método popularizado al inicio de la década de los 30 por el padre (más adelante Cardenal) Joseph Cardijn como parte de su trabajo con la Juventud Obrera Católica de Bélgica. El objetivo fundamental de este método es entender mejor la realidad en la que vivimos, descubrir los signos que nos revelan a Dios o que impiden que le veamos, y en última instancia participar con nuestras acciones en la transformación de dicha realidad a la luz del compromiso evangélico. El método rápidamente se incorporó a muchas dinámicas pastorales, educativas y teológicas en la Iglesia alrededor del mundo, y sigue siendo una de las mejores fórmulas para entender la relación que debe existir entre la fe cristiana y la vida diaria. Veamos brevemente los tres momentos del método.

VER. Para poder juzgar la realidad y, por consiguiente, actuar en ella, necesitamos conocerla. El método comienza con el VER. Aunque es un VER que inicia con los sentidos, no se queda puramente en lo que los sentidos nos ofrecen sino que exige que hagamos uso de nuestras habilidades intelectuales para VER realmente qué es lo que la realidad nos dice. Cuando nos encontramos con la realidad necesitamos hacer preguntas: ¿Qué vemos? ¿Qué observamos a nuestro alrededor? ¿Cuáles son las características que definen nuestras relaciones, las situaciones en que vivimos tanto nosotros como los demás? ¿Qué sentimos? ¿Cuál es nuestra primera reacción frente a lo que vemos? En cierta manera este momento es una invitación a hacer un inventario de la realidad y un análisis de nuestro posicionamiento frente a esa realidad.

Los cristianos no podemos ser ingenuos, ciegos o sordos ante las distintas situaciones que afectan nuestras vidas, al igual que las vidas de las personas que nos rodean. Así como el Dios de la Vida se encarnó en nuestra historia para darle un nuevo sentido y hacernos partícipes de la salvación que recibimos por medio de Jesucristo, también el cristiano necesita "encarnarse" en la realidad para ser instrumento de la gracia de Dios e invitar a toda la humanidad a reconocer que la salvación comienza aquí y ahora porque Cristo resucitado está entre nosotros. Para VER la realidad en su complejidad, con frecuencia necesitamos de la ayuda de otras personas y de las distintas ciencias del saber humano. Ciertamente en el mundo de hoy hacemos bien al valernos de la sociología, la psicología, la filosofía, los estudios culturales, la historia, la informática y muchas áreas del conocimiento que nos permiten entendernos mejor y al mundo en el que vivimos. El VER, entonces, exige que lo hagamos en comunidad, con la ayuda de las distintas especialidades que componen nuestro perfil formativo y con la apertura a dejarnos sorprender por la realidad.

JUZGAR. Si hay algo que aprendemos en el proceso de madurar como adultos es que necesitamos tener cautela cuando nos encontramos con la realidad. Las palabras del profeta Isaías son bienvenidas en este contexto: "¡Ay de aquellos que llaman bien al mal y mal al bien, que cambian las tinieblas en luz y la luz en tinieblas, que dan lo amargo por dulce y lo dulce por amargo! (Is 5:20). Lo único que hemos de hacer es encender el televisor, meternos a internet o leer el periódico para encontrar ejemplos que ilustran el porqué de las palabras del profeta. El método que nos ocupa hace gran énfasis en la importancia de usar nuestras capacidades como seres humanos para determinar la verdad, el bien y la belleza de todo lo que nos rodea —incluyendo nuestras vidas y nuestras relaciones. Como seres humanos sí somos capaces de descubrir esta verdad; sí somos capaces de apreciar el bien; sí somos capaces de contemplar la belleza. ¿Por qué? Porque así es como Dios nos ha creado, a imagen y semejanza suya (Génesis 1:20). Para ello nos encontramos nuevamente con la ayuda de las ciencias del saber humano, las cuales con el paso del tiempo han desarrollado métodos y maneras de comprobar sus resultados. Aunque muchas de estas maneras de operar y evaluar seguramente necesitan seguir progresando, hemos de reconocer que nos ofrecen un gran sentido de certeza con relación a cómo podemos entender la realidad actual.

Pero para los cristianos el juicio que hacemos de la realidad no puede limitarse exclusivamente a nuestros esfuerzos intelectuales y a lo poco o mucho que ofrecen las ciencias del saber humano. La mirada y el juicio sobre la realidad los hacemos como mujeres y hombres de fe, como discípulos de Jesucristo llamados a participar en su Misterio Pascual, comenzando en la historia y continuando en la eternidad. Desde la perspectiva de la fe preguntamos: ¿Cuál es la verdad que Dios revela? ¿Cuál es el bien con el cual Dios nos pide que se conformen nuestras vidas? ¿Cuál es la belleza que Dios nos invita a contemplar? Como creyentes nuestro juicio se vale en gran parte de nuestro conocimiento de la riqueza de la Palabra de Dios y de la Tradición de la Iglesia, especialmente fortalecidos por la gracia sacramental. Por eso, cuando nos paramos frente a la realidad hacemos preguntas más de fondo, preguntas que solo los creyentes podemos hacer, como las siguientes: ¿Cuáles son los signos del Reino de Dios en nuestras vidas y en nuestras comunidades? ¿Impera la gracia de Dios o el pecado alrededor nuestro? ¿Vemos realmente el rostro de Dios en las personas que nos rodean, especialmente las más necesitadas? ¿Qué hacemos por ellos? ¿Qué tipo de comunidades eclesiales estamos construyendo? ¿Estamos enseñando lo que es verdadero, bueno y bello tal como lo descubrimos por medio de la fe? ¿Somos discípulos auténticos de Jesucristo? ¿Somos signos genuinos de la esperanza de Dios para quienes interactúan con nosotros, cristianos y no cristianos?

**ACTUAR.** La observación de la realidad y el juicio que hacemos sobre ella nos llevan casi instintivamente a un ACTUAR. ¡Cómo no! Una vez que entendemos mejor la realidad en la que vivimos, las circunstancias que afectan nuestras vidas y las de quienes nos rodean, lo que se necesita para que todo ser humano viva con dignidad; una vez que entendemos las situaciones que con frecuencia oscurecen la luz de la gracia divina y la presencia del Dios de la vida entre nosotros… ¡necesitamos hacer algo! La observación de la realidad y el juicio que hacemos sobre ella nos llevan a hacer nuestras las palabras del mismo Señor: "He venido a traer fuego a la tierra y ¡cuánto desearía que ya estuviera ardiendo! (Lucas 12:49). Ser cristiano no es sinónimo de pasividad. Todos necesitamos sabernos partícipes de la misión de la Iglesia. No olvidemos, por ejemplo, que la patrona de las misiones es santa Teresita del Niño Jesús, una joven dedicada en su convento a la vida contemplativa. Convencidos de nuestra identidad como discípulos de Jesucristo, los cristianos hacemos nuestras las palabras del gran envío misionero: "Vayan, pues, y hagan que todos los pueblos sean mis discípulos. Bautícenlos en el Nombre del Padre y del Hijo y del Espíritu Santo, y enséñenles a cumplir todo lo que yo les he encomendado a ustedes" (Mateo 28:19).

Sin lugar a duda, el momento de ACTUAR como parte de este método que estamos estudiando coincide con la naturaleza misionera de la Iglesia. ACTUAR exige que asumamos la responsabilidad recibida en el Bautismo. Como bautizados estamos llamados a dar testimonio de nuestra fe, a anunciar proféticamente la Buena Nueva a tiempo y a destiempo y a denunciar todo aquello que se opone a la verdad de Dios; a ser instrumentos del Reino de Dios aquí y ahora, y a ser semilla de transformación en la sociedad.

◆ ◆ ◆ ◆ ◆

El método VER—JUZGAR—ACTUAR ha sido reconocido por católicos latinoamericanos e hispanos en Estados Unidos como uno de los instrumentos más eficaces para planear y hacer avanzar la tarea pastoral de la Iglesia en el continente. Recientemente los obispos reunidos en la Quinta Conferencia General del Episcopado Latinoamericano en Aparecida, Brasil (2007) recordaron que este método ha sido uno de los ejes centrales para la continua reflexión pastoral de los católicos en Latinoamérica y sigue siendo un instrumento pastoral y teológico muy válido. En palabras de los obispos, el método VER—JUZGAR—ACTUAR "nos permite articular, de modo sistemático, la perspectiva creyente de ver la realidad; la asunción de criterios que provienen de la fe y de la razón para su discernimiento y valoración con sentido crítico; y, en consecuencia, la proyección del actuar como discípulos misioneros de Jesucristo" (Documento de Aparecida, n. 19). Unos pocos años antes, los obispos de Estados Unidos aprobaron el documento Encuentro y misión: Un marco pastoral renovado para el ministerio hispano (2002) que ha servido como marco referencial para avanzar en gran parte de la reflexión sobre el ministerio hispano a comienzos del siglo XXI. En Encuentro y misión se reconoce que el método "se enfoca en las necesidades y aspiraciones de los fieles, JUZGA esa realidad a la luz de las Escrituras y la Tradición, y se concretiza en acción transformadora." El documento expande los momentos y presenta el método como

VER—JUZGAR—ACTUAR—CELEBRAR—EVALUAR, aduciendo que los momentos "celebración y evaluación han servido de mucha ayuda en la renovación y redirección de los esfuerzos del ministerio hispano". Encuentro y misión afirma con toda razón que en todo proceso pastoral "la manera de hacer las cosas es tan importante como las cosas en sí." He ahí la importancia de un método bien definido (ver Encuentro y misión, n. 21).

VER—JUZGAR—ACTUAR como método encierra en sí mismo una pedagogía para la pastoral y la catequesis. Tal como se indicó en el primer capítulo, todo proceso de formación en la fe debe comenzar por reconocer que Dios se hace presente en el aquí y en el ahora de nuestras vidas, con los gozos y esperanzas, tristezas y angustias que marcan nuestro existir. Cuando catequizamos se nos invita a hacer un esfuerzo deliberado para ayudarle a los bautizados a reconocer que lo que Dios nos revela, especialmente por medio de Jesucristo, hace una gran diferencia en nuestras vidas. El método invita a discernir tanto los signos que nos revelan la presencia de Dios como aquellos que son obstáculos para que le reconozcamos. Tal discernimiento nos impulsa a actuar guiados por la fuerza del Espíritu Santo, sostenidos por la gracia de Dios y convencidos de que el Reino de Dios ya está entre nosotros (Lucas 17:21).

Una catequesis impulsada por el método VER—JUZGAR—ACTUAR, incluyendo los momentos CELEBRAR y EVALUAR, tiene el potencial de ayudar a los creyentes a conocer mejor su realidad, a ser más críticos desde la perspectiva de la fe y del mensaje del Evangelio con relación a las luces y sombras que acompañan a esta realidad, y a actuar de manera profética. En el contexto de la experiencia católica hispana en Estados Unidos, el método sirve como una invitación a mantener la relación íntima que debe existir entre la catequesis y la evangelización de los católicos latinos en el contexto del ministerio hispano.

## Tres conceptos claves

Como hemos visto hasta ahora, la reflexión sobre el ministerio hispano católico en Estados Unidos ha producido frutos abundantes. Al comienzo de este capítulo señalamos algunos elementos de la visión para la catequesis y otros esfuerzos de formación en la fe a partir de la experiencia particular del pueblo católico hispano. Después resaltamos la riqueza del método VER—JUZGAR—ACTUAR (incluyendo los momentos CELEBRAR y EVALUAR) que ha servido como motor para la reflexión y el discernimiento en el ministerio hispano. Asimismo resaltamos la grandeza de las metas que una catequesis (en el contexto de este ministerio) debiese aspirar a alcanzar. Antes de cerrar el capítulo vale la pena definir brevemente tres conceptos clave que han sido centrales en la reflexión sobre el ministerio hispano y que con toda seguridad pueden contribuir significativamente al diseño de una catequesis *nuestra*, es decir una catequesis con sentido, sensibilidad y sabor latinos.

El primero de estos conceptos es **comunidad**. Los pueblos que constituyen la experiencia latina en Estados Unidos comparten raíces culturales profundas que afirman el ser comunitario. Ser latino en gran parte significa ser miembro de una comunidad. Es en la comunidad en donde la persona descubre su identidad como ser social y ser religioso. En la comunidad aprendemos los valores más básicos para realizarnos en nuestras vidas. A medida que crecemos y nos realizamos, humana y profesionalmente, lo hacemos como miembros de comunidades específicas. Es por ello que en las culturas latinas con frecuencia se hace énfasis en la pertenencia al barrio, a la ciudad, al grupo de amigos y a los compatriotas. De manera fascinante nos entendemos como parte de una misma familia, la familia latina, especialmente cuando compartimos el idioma español, además de aquellos aspectos culturales que nos identifican como latinos y aquellas tradiciones religiosas que han sido parte de nuestra historia por muchos siglos. Al centro de esta identidad comunitaria está la familia. Una catequesis con verdadero sentido latino tiene que ser una catequesis que afirme el sentido de comunidad y familia de los católicos hispanos.

El segundo concepto que vale la pena tener en cuenta en los contextos de servicio pastoral y catequesis entre católicos latinos es pastoral de conjunto. Pastoral de conjunto es "la coordinación armoniosa de todos los elementos de la pastoral con las acciones de los agentes de la pastoral y las estructuras con un fin común: el Reino de Dios. No es solo un método sino la expresión de la esencia y misión de la Iglesia que es y crea comunión" (Definición tomada del Plan Pastoral Nacional para el Ministerio Hispano). Este concepto está íntimamente ligado a la visión comunitaria de las culturas latinas. Si somos comunidad y si vivimos y celebramos nuestra fe como

**PASTORAL DE CONJUNTO**

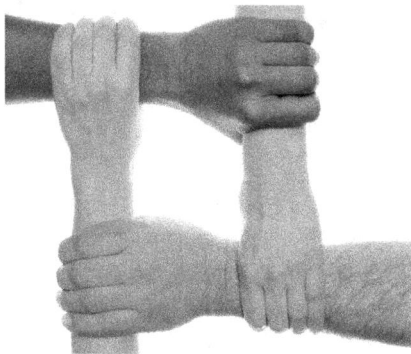

la gran familia de Dios, nos preguntamos entonces: ¿de qué manera podemos unir esfuerzos y trabajar juntos para ejecutar una acción pastoral que beneficie a todos y haga presente al Reino de Dios entre nosotros? La idea de una pastoral de conjunto está fundamentada en la visión bíblica de que el Reino de Dios sí es posible, un Reino de unidad y comunión. La idea de pastoral de conjunto se ha utilizado en muchos procesos y documentos tanto en Latinoamérica como entre los católicos latinos en Estados Unidos. De manera especial los Encuentros Nacionales Hispanos de Pastoral se consideran como ejercicios por excelencia de pastoral de conjunto. La catequesis necesita ser parte de la pastoral de conjunto, y por ello parte también del resto de los esfuerzos de evangelización entre los católicos latinos.

**Mística** es el tercer concepto clave, que apunta directamente a las raíces espirituales de nuestros pueblos latinos. Al centro de la mística se encuentra la experiencia cristiana católica que ha marcado el corazón de las culturas latinas por varios siglos a través del continente. De una manera más visible, la mística latina se expresa en la alegría de las liturgias, el colorido de los símbolos religiosos que le dan vida a nuestra fe, los versos de los poemas y cánticos que elevan el alma hacia el Dios de la Vida, y los diversos ritmos con los que alabamos agradecidos de que Dios camine con nosotros. Pero la mística latina es quizás más ampliamente expresada en la religiosidad popular de latinos y latinas en sus hogares, en lugares que el mismo pueblo declara como sagrados y los espacios públicos en donde se halla presente la comunidad. A la riqueza de un catolicismo vivido diariamente se le unen con frecuencia tradiciones y prácticas que se mantienen vivas en la cultura; algunas de origen indígena, otras de origen africano, y aun otras que son fruto de un mestizaje religioso, parte importante de la vida espiritual de los católicos latinos. Por consiguiente, una catequesis en este contexto católico latino en Estados Unidos ha de ser consciente del potencial de la mística latina no solo como punto de partida y apoyo pedagógico, sino también como impulso para la tarea eclesial de compartir la fe de generación en generación.

**MÍSTICA**

## Para la reflexión...

1. ¿Qué te llamo la atención de los detalles históricos que se compartieron en este capítulo sobre el desarrollo del ministerio hispano católico en Estados Unidos? ¿Por qué?

2. Si usaras como criterios de juicio las diez características que conforman la visión de una catequesis hispana, ¿podrías decir que has experimentado una catequesis similar en tu parroquia? Si no, ¿qué áreas crees que hay que fortalecer para llegar a dicha visión?

3. Aplica el método VER—JUZGAR—ACTUAR a una experiencia específica en tu comunidad de fe. Por ejemplo, la realidad de los jóvenes latinos en tu parroquia, la participación de los padres de familia en la catequesis, o una situación de injusticia que afecte a la comunidad latina.

4. ¿De qué manera se vive la **mística** en tu comunidad de fe? ¿Cómo influye esta riqueza espiritual en la catequesis con niños, jóvenes y adultos? ¿Qué puedes hacer para que la catequesis en tu comunidad afirme más la espiritualidad del pueblo católico latino?

# 3. Catequesis hispana y la Nueva Evangelización

Los católicos en el mundo entero comenzamos la segunda década del siglo XXI con una invitación muy especial: ¡la Nueva Evangelización! Si la catequesis entre los católicos latinos en Estados Unidos va a ser una catequesis efectiva, tiene que ser una catequesis profundamente evangelizadora. Para ello es urgente que nos familiaricemos con el lenguaje e ideas que acompañan la invitación a la Nueva Evangelización. Esta es nuestra tarea en el presente capítulo.

## ¿De qué se trata la Nueva Evangelización?

La Iglesia "existe para evangelizar", nos recordó con claridad y sencillez el Papa Pablo VI en su carta encíclica Evangelii Nuntiandi (n. 14), escrita en 1975. Sin duda alguna, esa era desde el principio la convicción de los discípulos de Jesucristo resucitado mientras formaban las primeras comunidades. A través de los siglos, cristianos de todas razas, naciones y culturas se han aventurado a compartir el Evangelio tanto en sus propios entornos y en tierras lejanas, formando comunidades vibrantes. Es interesante observar que el Señor Jesús comenzó con unos cuantos discípulos, doce apóstoles y otros seguidores que reconocieron que tenía "palabras de vida eterna" (Jn 6:68); hoy en día somos más de dos mil millones cristianos en el mundo, la mitad de ellos católicos.

Hablar de evangelización es hablar de misión. Todo cristiano bautizado tiene la responsabilidad de ser testigo del Evangelio, anunciando con palabras y acciones que Dios nos ama infinitamente y que por medio de Jesucristo nos ha abierto el camino a la salvación eterna. La Iglesia es la comunidad de creyentes a quienes Dios llama para entrar en una relación transformadora, para amarle y darle gloria en todo momento, y anunciar a tiempo y a destiempo lo que Dios ha hecho por nosotros. La misión de la Iglesia, es decir, de todos los bautizados, es la misma misión de Jesucristo. Por ello, cuando hablamos de evangelización básicamente hablamos de ser instrumentos del Señor para que el Reino de Dios se haga realidad en la historia. Vale la

> **La Iglesia "existe para evangelizar"**
> Papa Pablo VI, *Evangelii Nuntiandi* (n. 14)

pena insistir: la misión evangelizadora de la Iglesia pertenece a todos los bautizados. Uno de los grandes legados del Concilio Vaticano II (1963-1965) fue precisamente recordarnos esta verdad. Por varias razones los cristianos en muchas partes del mundo asumían que la misión evangelizadora era una tarea de los sacerdotes, los religiosos y religiosas, los misioneros y quizás de algunos laicos comprometidos. Gracias a una catequesis arraigada en las enseñanzas del Concilio Vaticano II, hoy en día tenemos una mayor conciencia de que todos los bautizados estamos llamados a evangelizar nuestros ambientes y los estados de vida en que nos encontremos: ordenados, consagrados, laicos, misioneros, padres de familia, solteros, inmigrantes, profesionales, estudiantes, etc.

Cada vez somos más los creyentes, independientemente de los estados de vida, que asumimos la responsabilidad de evangelizar, y esto uno de los signos de los tiempos más interesantes de nuestra época. Es inspirador observar el número creciente de laicos comprometidos en la evangelización, especialmente en la catequesis. Pero al mismo tiempo hay que reconocer que el ambiente actual en el que se lleva a cabo enfrenta retos sumamente urgentes. Entre ellos, quizás el reto más urgente para los católicos es el hecho de que millones y millones de personas recibieron el bautismo, tal vez practicaron su fe por algún tiempo o recibieron educación religiosa a la sombra de su familia y, sin embargo, hoy en día ya no practican su fe, otras se han enfriado, e incluso otras han dejado la Iglesia —ya sea para ser parte de otra tradición religiosa (a veces no cristiana) o simplemente para no practicar ningún tipo de religión. La llamada a la Nueva Evangelización es ante todo un llamado a renovar el amor primero, el celo por el Evangelio, y la convicción de que Cristo resucitado realmente transforma nuestras vidas y nos acompaña en nuestro diario vivir. La Nueva Evangelización es una invitación a ser discípulos auténticos aquí y ahora, comprometidos con las verdades de nuestra fe, anunciando el Evangelio "a tiempo y a destiempo" (2 Timoteo 4:2) y siendo semillas de transformación para nuestras familias y nuestra sociedad como testigos de Cristo. Esto no significa que como Iglesia estemos abandonado nuestra misión respecto de los que todavía no han escuchado hablar de Cristo. Aceptamos que la Nueva Evangelización nos sigue enviando a quienes aún no conocen al Señor, sin embargo, esto no puede ocurrir si no comenzamos la misión entre nosotros mismos renovando el espíritu y el fuego que nos ha de motivar. La Nueva Evangelización nos debe llevar a decir con el autor de la Primera Carta de Juan: "Lo que hemos visto y oído se lo anunciamos también a ustedes para que estén en comunión con nosotros" (1:3).

Aparte del gran reto de renovar el celo por la fe entre los católicos bautizados, también nos encontramos con la realidad de que cada vez se hace más difícil hablar de Dios en nuestras sociedades y, por consiguiente, vivir nuestra fe públicamente. Entre estos desafíos encontramos las corrientes secularistas contemporáneas, las cuales buscan eliminar cualquier referencia a Dios tanto en el ámbito público como privado.

---

**Tres retos a los que hemos de responder como parte de la Nueva Evangelización**

1. Secularismo
2. Relativismo
3. Fundamentalismo ideológico

Se nos habla de lo ideal que sería un mundo sin Dios, sin religión y sin referencia a lo trascendente. A nivel político se ignora y a veces se ataca a las organizaciones religiosas. Otro desafío es el relativismo por medio del cual se nos asegura que todo es válido y que no hay principios universales, especialmente religiosos, a los que nos podamos acoger. Estas dos tendencias en el fondo son una negación de la posibilidad de la Revelación de Dios en la historia. Un tercer reto es la privatización radical de la religión, empleada por muchos como una oportunidad para el fundamentalismo religioso, conduciendo a adoptar ideologías que hacen imposible el diálogo con otras personas que no piensan igual. Todas estas tendencias resultan atractivas para muchos católicos, los cuales sin una formación adecuada en la fe las asumen como normativas. La Nueva Evangelización exige que estemos atentos a estos desafíos y busquemos la mejor manera responder a ellos con la fortaleza de la Palabra de Dios y la riqueza de nuestra tradición.

Los católicos latinos en el continente hemos venido hablando de la Nueva Evangelización por muchos años. Las primeras alusiones a esta experiencia de renovación de hecho comenzaron en el contexto latinoamericano y ha sido en Latinoamérica en donde por más de tres décadas se ha articulado gran parte del lenguaje que hoy en día se ha adoptado universalmente para hablar de Nueva Evangelización. Los obispos latinoamericanos, haciendo eco de las voces e ideas de líderes pastorales y teólogos del continente, han hablado constantemente de la Nueva Evangelización en sus documentos, especialmente en las conclusiones de las últimas dos Conferencias Generales del Episcopado Latinoamericano: Santo Domingo (1992) y Aparecida (2007). En Estados Unidos los católicos hispanos también hemos incorporado el lenguaje de Nueva Evangelización en muchas de nuestras reflexiones y documentos. En el año 2012 cientos de obispos de todo el mundo se dieron cita en Roma para la Décima Tercera Asamblea General

Ordinaria del Sínodo de los Obispos, cuyo tema central fue la Nueva Evangelización. La acción pastoral y catequética de la Iglesia ciertamente se ha de enmarcar dentro del contexto de la Nueva Evangelización.

La Nueva Evangelización parte de las verdades que están al centro de nuestra identidad como cristianos católicos: el mismo Dios Trinidad, Padre, Hijo y Espíritu Santo; el mismo Jesucristo, Hijo de Dios, quien murió en la cruz y ha resucitado para salvarnos y sigue presente en la Iglesia; la misma Iglesia, Pueblo de Dios convocado por Dios para dar testimonio del Misterio Pascual de Jesucristo; la misma Palabra de Dios, que nos alimenta y nos sostiene en la fe; los mismos sacramentos que nos conceden la gracia transformadora de Dios por medio de Cristo resucitado; el mismo Reino de Dios, que confirma la promesa de que sí es posible vivir la plenitud de nuestra existencia como hijos e hijas de Dios en la historia y finalmente en la eternidad; el mismo Espíritu Santo que guía a la Iglesia, le da vida, la sostiene y la renueva en todo momento. Entonces, ¿qué es nuevo? La novedad radica en que estamos llamados a vivir y practicar todas estas verdades con *nuevo ardor, nuevos métodos y nuevas expresiones*. ¡He ahí la clave de la Nueva Evangelización!

## La catequesis como parte de la tarea evangelizadora de la Iglesia

Una catequesis conforme al espíritu de la Nueva Evangelización tiene que ser una catequesis caracterizada por un *nuevo ardor, nuevos métodos y nuevas expresiones*. En los últimos cincuenta años el campo de la catequesis ha sido profundamente enriquecido por el trabajo de quienes se dedican a reflexionar y a articular teóricamente esta tarea tan

| Tres características de la Nueva Evangelización |
| --- |
| 1. Nueva en su ardor |
| 2. Nueva en sus métodos |
| 3. Nueva en sus expresiones |

importante en diálogo con muchas de las ciencias humanas. Vale la pena recordar que antes del Concilio Vaticano II, tanto en Estados Unidos como en Latinoamérica—al igual que en otras partes del mundo—la catequesis se centraba alrededor de catecismos con preguntas y respuestas predefinidas. Catequesis para los católicos básicamente consistía en memorizar estas respuestas, casi siempre como preparación para recibir los sacramentos de iniciación (Bautismo, Confirmación y Eucaristía). Quizás para muchos de los lectores de este libro esta fue la experiencia de formación en la fe recibida durante su infancia y juventud. La memorización de fórmulas y contenidos es importante y necesaria en la catequesis, pero no puede reducirse simplemente a dicha memorización. Con el paso del tiempo la comunidad eclesial ha descubierto la necesidad de elaborar pedagogías más dinámicas, que incluyan el uso de la memoria por supuesto, para la catequesis.

Hoy en día reconocemos que al hablar de catequesis y formación en la fe nos referimos a un proceso que debe tener en cuenta muchas áreas de la vida del ser humano. No se trata solo de memorizar contenidos, oraciones o dogmas sino también de entender y aplicar a nuestra vida diaria lo que aprendemos sobre la fe. Si queremos que nuestra fe se haga parte de la vida cotidiana, es imprescindible entonces que conozcamos más sobre quiénes somos y cómo aprendemos. El aprendizaje de la fe supone la experiencia humana; la fe no niega ni se impone sobre lo que somos como seres humanos. La fe es un don que fortalece y eleva nuestra experiencia humana. Para ello ha sido muy importante el diálogo con otros campos y disciplinas profesionales como la educación, la psicología, la sociología y los estudios culturales, entre otros. Uno de los mejores recursos en los que podemos observar el importante diálogo entre la catequesis y las ciencias humanas y sociales es el Directorio General para la Catequesis, promulgado en 1997. En el caso de Estados Unidos este documento aportó el Directorio Nacional para la Catequesis. De la misma manera muchos países han trabajado también sus propios directorios locales.

Aunque mucho se ha escrito sobre catequesis y son varias las teorías que han ayudado a entender mejor la tarea catequética en los últimos años, sería errado asumir que la catequesis es una tarea que puede avanzar separada del proceso evangelizador de la Iglesia. El papa Juan Pablo II en su Exhortación Apostólica sobre la catequesis en nuestro tiempo, Catechesi Tradendae, escrita en 1979, afirmó: "Recordemos ante todo que entre la catequesis y la evangelización no existe ni separación u oposición, ni identificación pura y simple, sino relaciones profundas de integración y de complemento recíproco" (n. 18). Por consiguiente es importante hacer dos afirmaciones importantes: primero, la catequesis es ante todo una acción de la Iglesia, expresión primordial del ministerio de la Palabra. Segundo, la catequesis solo tiene sentido como parte de la misión evangelizadora de la Iglesia.

Para poder entender el lugar e importancia de la catequesis en la vida de la Iglesia, es importante que nos detengamos un poco en lo que tradicionalmente se conoce como el proceso evangelizador. Este proceso desde el principio del cristianismo ha sido guiado por el Espíritu Santo. Es importante afirmar que es un proceso compuesto de varios momentos que progresivamente nos llevan a un encuentro más profundo con el misterio de Dios en la persona de Jesucristo y nos ayudan a vivir más activamente nuestra fe. Todos estos momentos están relacionados con la catequesis, en algunos momentos presuponiéndola, en otros inspirándola y en otros poniéndola al centro.

> **El proceso evangelizador**
> 1. *Kerigma* o primer anuncio
> 2. Experiencia de vida cristiana
> 3. Celebración de los sacramentos
> 4. Testimonio apostólico y misional

1. Kerigma o primer anuncio. La evangelización comienza cuando anunciamos con palabras y acciones que Jesucristo es el Hijo de Dios, que por medio de su muerte y resurrección, el Misterio Pascual, entramos a ser parte de la vida que Dios nos prometió. El primer anuncio tiene que ser explícito, nos recuerda el Papa Pablo VI: "No hay evangelización verdadera, mientras no se anuncie el nombre, la doctrina, la vida, las promesas, el reino, el misterio de Jesús de Nazaret Hijo de Dios" (Evangelii Nuntiandi, n. 22). Este anuncio parte de una experiencia de encuentro con el Dios de la Vida. Aunque este momento precede una catequesis más formal, esto no excluye la posibilidad de que muchas personas reciban este primer anuncio como parte de una catequesis dinámica—por ejemplo, una buena predicación o una buena clase o el testimonio sincero de quienes con palabras y acciones que el Evangelio es el centro de su vida.

2. *Experiencia de vida cristiana.* Una vez que se escucha y acepta el primer anuncio, surge en el creyente el deseo de querer conocer más. Para ello la comunidad cristiana acompaña al creyente con su testimonio y con una catequesis que eventualmente llevará a la iniciación cristiana. Esta catequesis es muy importante, pues de manera orgánica y clara introduce al creyente en los misterios de la fe tal como los vive la Iglesia. Es una catequesis que inspira a hacer de los valores del Evangelio un estilo de vida. La comunidad de discípulos da testimonio de su experiencia de vida cristiana y habla simultáneamente de ella. Por lo que respecta a quienes ya han iniciado su camino de fe, la Nueva Evangelización nos invita a ofrecerles una catequesis de renovación y reencuentro con los misterios de la fe cristiana.

3. *Celebración de los sacramentos.* Al centro de la vida del cristiano católico está el encuentro con el Señor Jesucristo

por medio de los sacramentos. La catequesis ha preparado a los que van a iniciarse o a completar su iniciación para que aprecien de la mejor manera posible el don tan hermoso de la gracia transformadora contenida en los sacramentos. Una vez que se reciban los sacramentos, será necesaria una catequesis permanente que ayude a profundizar la riqueza de la experiencia sacramental y sus implicaciones para la vida diaria.

4.  *Testimonio apostólico y misional.* ¡La evangelización no termina con la recepción de los sacramentos! De hecho, la iniciación cristiana es precisamente eso: iniciación. Los discípulos cristianos entramos en un proceso que durará el resto de nuestras vidas, proceso en el que damos testimonio y participamos activamente de la misión evangelizadora de la Iglesia. Ahora es cuando es necesaria una catequesis permanente. El Directorio General para la Catequesis nos dice que hay muchas maneras en que esta catequesis permanente se hace vida: estudio de las Sagradas Escrituras, la lectura cristiana de los acontecimientos, catequesis litúrgica, formación espiritual y la profundización sobre el mensaje de la fe por medio de estudios teológicos.

Como podemos observar, los momentos del proceso evangelizador son básicamente los momentos de la iniciación cristiana. Pudiéramos decir entonces que la actividad evangelizadora de la Iglesia entre los bautizados es una renovación continua de nuestra iniciación cristiana. Y para ello necesitamos una catequesis profundamente evangelizadora. En el contexto de la Nueva Evangelización esto exige que el anuncio del kerigma, la catequesis de iniciación cristiana y la catequesis permanente en nuestras comunidades estén profundamente caracterizados por un *nuevo ardor, nuevos métodos y nuevas expresiones.*

## Hacia una catequesis evangelizadora

Como hemos visto, la catequesis juega un papel muy importante en la misión evangelizadora de la Iglesia. Sería casi imposible hablar de una comunidad evangelizadora sin ser ante todo una comunidad catequizada y catequizadora. Una catequesis pobremente planeada o descuidada o sin recursos suficientes puede fácilmente convertirse en un obstáculo para la evangelización.

Con frecuencia nos encontramos con muchas personas que no entienden propiamente lo que es la catequesis. La verdad es que en muchas de nuestras comunidades hispanas tenemos "caricaturas" de catequesis. A veces reducimos esta experiencia tan hermosa y profunda a la simple memorización de fórmulas que parecen tener poco que ver con nuestras vidas diarias. No es raro ver a padres de familia que lleven a sus hijos a la catequesis "para cumplir con el requisito" —como si la catequesis fuera una carga. Muchos niños y jóvenes sienten la catequesis como una carga más en sus cortas vidas y con frecuencia protestan con sus padres porque les llevan a recibirla. También es frecuente escuchar a adultos decir que ellos no van a la catequesis porque "eso es cosa para los niños". Siempre parece haber una excusa para poner la catequesis de lado.

Hay que reconocer que con frecuencia los mismos catequistas y líderes pastorales hemos comunicado el mensaje equivocado sobre la catequesis. Muchas veces hemos fallado en hacer de esta experiencia una oportunidad vibrante y alegre para encontrarnos con Jesucristo y con la riqueza de la fe cristiana en la Iglesia. En ocasiones los catequistas y otros agentes pastorales carecen de la pasión que debe identificar toda forma de catequesis.

Para contrarrestar estas "caricaturas" de lo que muchos creen que es catequesis y para animar a los agentes catequéticos en el contexto del ministerio hispano, es imprescindible que entendamos las tareas de la catequesis misma. Creo que es allí donde está la clave de una renovación de esta tarea tan importante en la vida de la Iglesia. Si todos, desde los niños y sus padres hasta los catequistas y quienes dirigen la pastoral a nivel parroquial y diocesano, entendemos las tareas de la catequesis, comprenderemos mejor por qué la catequesis es una tarea profundamente evangelizadora.

El Directorio General para la Catequesis (n. 85-86) señala con claridad que la catequesis tiene seis tareas clave. Veamos brevemente cada una de estas tareas.

---

### Seis tareas clave de una catequesis evangelizadora

1. Propiciar el conocimiento de la fe
2. La educación litúrgica
3. La formación moral
4. Enseñar a orar
5. La educación para la vida comunitaria
6. La iniciación a la misión

---

1. *Propiciar el conocimiento de la fe.* Una catequesis auténtica tiene que conducir al encuentro con Jesucristo. Este encuentro es ante todo un encuentro personal. Sin embargo dicho encuentro exige que conozcamos el contenido de nuestra fe, que sepamos quién es el Dios que nos revela Jesucristo, el porqué de la salvación, cómo se mantiene el Señor Cristo con nosotros. Mientras más conocemos del Señor por la catequesis más nos adherimos a su verdad y más le amamos.

2. *La educación litúrgica.* Los católicos en general reconocemos la estrecha relación que existe entre la catequesis y la liturgia. Sabemos que hay que recibir catequesis para ser bautizados o para recibir la Primera Comunión o para ser confirmados o para recibir el sacramento del Matrimonio. En este sentido tenemos una buena intuición que nace de la práctica. Sin embargo, hemos de saber también que una de las tareas más importantes de la catequesis es ayudarnos a entender la riqueza de la liturgia y darnos todo lo que necesitamos para

darle gloria a Dios por medio de las celebraciones litúrgicas. Por eso una catequesis verdaderamente evangelizadora nos enseña el significado de los símbolos, palabras y ritos litúrgicos al igual que las oraciones con las cuales nos dirigimos a Dios en el contexto de la liturgia. La catequesis nos ayuda a celebrar con propiedad los misterios de la fe.

3. *La formación moral.* A veces se nos pide explicar ciertos elementos de nuestra fe y nos quedamos cortos de palabras para hacerlo. Pero sabemos que las acciones dicen más que las palabras. Es por ello que la catequesis debe ayudar al creyente a ser testigo de la verdad de Dios con sus acciones y con sus palabras. El testimonio del seguimiento de Cristo se expresa por medio de convicciones que se hacen vida en nuestros compromisos, relaciones y manera de proceder en la vida diaria. Una catequesis evangelizadora ayuda al discípulo de Cristo a reconocer el pecado, a denunciarlo y rechazarlo. Al mismo tiempo, la catequesis evangelizadora enseña con ejemplos claros qué significa vivir de acuerdo a la verdad de Jesucristo y su Evangelio, recordándonos que Dios nos ha hecho para la santidad: "sean ustedes perfectos como es perfecto el Padre de ustedes que está en el Cielo". (Mt 5:48)

4. *Enseñar a orar.* La catequesis es una escuela de oración. Allí aprendemos y confirmamos las oraciones básicas que nos ayudan a entrar en diálogo con Dios. A veces estas son las palabras de las oraciones tradicionales como el Padre Nuestro y el Ave María o las partes de la liturgia con la que damos gloria a Dios. También son las palabras de oraciones, poemas, cantos, máximas de sabiduría cristiana y otras expresiones que nos invitan a la oración y la contemplación. Muchas de estas son parte de la tradición religiosa y cultural de los pueblos hispanos. Una catequesis evangelizadora debe siempre comenzar en un espíritu de oración y ha de invitar a los

participantes a ser mujeres y hombres de oración en todo momento de sus vidas diarias.

5. *La educación para la vida comunitaria.* La vida cristiana comienza con un sí personal a la invitación de Dios a amarnos infinitamente por medio de Jesucristo y se vive diariamente con otras personas que han dado el mismo sí. Eso es ser Iglesia. Por ello la catequesis evangelizadora debe enseñarnos cómo vivir este sí en cada momento a medida que formamos comunidad, especialmente la comunidad familiar y la comunidad parroquial. En la catequesis se ha de aprender a respetar, perdonar, corregir, trabajar juntos, escuchar y buscar la unidad que nace de la comunión en la fe. Todo esto es necesario para construir familias y comunidades parroquiales, barrios y sociedades enteras robustecidas por los valores del Evangelio. Cuando la catequesis ayuda a formar comunidad, hace posible que el Reino de Dios se experimente de manera real aquí y ahora. En el contexto del ministerio hispano, la catequesis ha de afirmar el sentido comunitario que es parte de la vida de los latinos.

6. *La iniciación a la misión.* Ser bautizado implica participar en la misión de Jesucristo. Una catequesis evangelizadora, por consiguiente, es una catequesis que debe abrazar un espíritu profundamente misionero. La Iglesia nos envía a dar testimonio cada vez que recibimos un sacramento o cada vez que celebramos la Eucaristía o cuando decidimos dar testimonio de nuestra fe en los lugares en donde se desenvuelve nuestra vida. De la misma manera la catequesis envía constantemente a quienes participan en ella. Es una catequesis que invita a asumir responsabilidad de nuestra condición de bautizados y a ser testigos a tiempo y a destiempo. ¡La catequesis es un lugar privilegiado para motivar y formar las vocaciones al servicio eclesial!

En el espíritu de la Nueva Evangelización, nos encontramos ante el reto de pensar una catequesis renovada y evangelizadora que ayude a todos los creyentes hispanos en nuestras familias, comunidades parroquiales y movimientos eclesiales a madurar como discípulos auténticos del Señor. Se necesita una catequesis que sea *nueva en su ardor, nueva en sus métodos y nueva en sus expresiones.* Sabiendo que la catequesis es parte esencial de la misión evangelizadora de la Iglesia, es importante que reflexionemos constantemente sobre el sentido de esta actividad tan importante y sus seis tareas.

## Para la reflexión...

1. ¿Por qué crees que es importante entender el espíritu de la Nueva Evangelización?

2. ¿Qué recomendarías renovar en la catequesis que haces en tu familia para que sea auténticamente evangelizadora? ¿Y en la de parroquia o de tu grupo?

3. Lee una vez más las seis tareas de la catequesis y piensa cuáles necesitan más atención en la catequesis que haces tanto en tu familia como en tu parroquia o grupo.

# 4. Recursos claves para una catequesis hispana

Entre las preguntas que frecuentemente nos hacemos quienes compartimos la fe por medio de la catequesis podemos resaltar las siguientes: ¿Por dónde comenzar? ¿Qué hace que una catequesis sea realmente efectiva? ¿Cuáles son los recursos ideales para que la catequesis se mantenga fiel a la tradición de la Iglesia y relevante en las vidas de quienes participan en ella? A estas preguntas podemos añadir una aún más específica: ¿Qué identifica a una catequesis aplicada propiamente en el contexto de la realidad y la experiencia católica hispana en Estados Unidos? Estas preguntas son muy importantes puesto que la catequesis no ocurre en el vacío. De hecho, cuando catequizamos lo hacemos como miembros de una comunidad eclesial que por cerca de dos mil años ha compartido la fe de generación en generación. Al mismo tiempo, cuando catequizamos, compartimos la fe con personas de carne y hueso, con vidas reales, con sentimientos, preguntas, problemas y esperanzas; personas que buscan hacer de Dios parte integral de sus vidas diarias.

Antes de adentrarnos en la descripción de algunos recursos para una catequesis hispana, es importante que tengamos bien claro que catequizar consiste ante todo en afirmar la relación armónica que debe existir entre fe y vida. En otras palabras, la catequesis es relevante y efectiva solo cuando hacemos las conexiones debidas entre nuestras vidas diarias y lo que Dios nos revela en el contexto de nuestra propia existencia. A veces en la historia del cristianismo ha habido momentos en que algunos creyentes han asumido que la experiencia humana no es importante cuando se trata de evangelizar. Por consiguiente, algunos cristianos, incluyendo catequistas y líderes pastorales, han puesto poca atención a cómo las personas viven, cómo se relacionan unas con otras, cómo buscan sentido en sus vidas y cómo responden a los retos de la vida diaria, como si estas realidades no fueran importantes. Por otro lado, en nuestra época contemporánea nos encontramos con corrientes secularizantes que nos dicen que solo la experiencia humana es válida y que Dios tiene poco o nada que ver con nuestras vidas. Como podemos ver, estas dos posiciones son extremas y de hecho contradicen el mensaje de la Revelación de Dios que encontramos en las Sagradas Escrituras. Dios nos ha creado y nos sostiene. Su gracia salvadora cuenta con nosotros. En palabras de San Agustín, Dios "que te ha creado sin ti, no te salvará sin ti" (Sermón 169). El Concilio Vaticano II (1962-1965) hizo eco de esta convicción. En la Constitución Dogmática sobre la Iglesia en el mundo actual el Concilio nos recuerda que uno de los errores más graves de nuestra época actual es la separación entre fe y vida (*Gaudium et Spes*, #43). Es imprescindible que la catequesis sea un espacio en el cual se propicie la relación armónica entre fe y vida en su sinnúmero de posibilidades.

Cuando hablamos de recursos para la catequesis, partimos entonces de la convicción de que el Dios de la Vida ha revelado a la humanidad—gratuita y libremente—su propio ser y su mensaje de amor. Jesucristo es la máxima expresión de dicha Revelación. El ser humano en su libertad recibe esta Revelación y la hace suya, particularmente en el contexto de su vida diaria. La catequesis como actividad evangelizadora de la Iglesia, por consiguiente, comienza poniendo atención a las distintas dimensiones de la vida de los creyentes que participan en ella, facilita el encuentro con la persona y el mensaje de Dios por medio de Jesucristo y su Iglesia, y ayuda a los creyentes a ser testigos en su diario vivir de lo que han encontrado y recibido. Una catequesis concebida desde esta perspectiva se puede resumir con la siguiente fórmula: *de la vida a la fe y de la fe a la vida.* Fe y vida son los recursos esenciales con los que comienza todo proceso catequético.

## Recursos imprescindibles

Lo que sabemos de la riqueza del cristianismo ha llegado a nosotros como parte de un proceso de transmisión de la fe que se ha repetido de generación en generación por cerca de dos mil años. Al centro del proceso evangelizador y catequético se encuentra la Palabra de Dios. Una catequesis auténtica es una catequesis sostenida y al servicio de la Palabra de Dios. La

> *Una catequesis auténtica es una catequesis sostenida por y al servicio de la Palabra de Dios.*

Palabra de Dios, nos recuerda el Concilio Vaticano II, es accesible a nosotros por medio de la Sagrada Escritura y la Sagrada Tradición: "la Sagrada Tradición y la Sagrada Escritura están íntimamente unidas y compenetradas. Porque surgiendo ambas de la misma divina fuente, se funden en cierto modo y tienden a un mismo fin... La Sagrada Tradición, pues, y la Sagrada Escritura constituyen un solo depósito sagrado de la palabra de Dios, confiado a la Iglesia" (Constitución Dogmática *Dei Verbum* sobre la Divina Revelación, n. 9-10).

Toda experiencia catequética debiera ser una oportunidad para encontrarse con el mundo de la *Sagrada Escritura*. En los setenta y tres libros de la Biblia descubrimos la historia de amor más hermosa que hay. Desde el comienzo de la creación, tal como lo relata el Génesis, nos encontramos con Dios, quien ama a la humanidad infinitamente. Ese mismo Dios escoge al pueblo de Israel para mostrarnos más exactamente cómo nos ama en el contexto concreto de nuestra historia. Los

libros del Nuevo Testamento nos presentan a Jesucristo con su mensaje de salvación y a Iglesia viviendo y compartiendo este mensaje con un espíritu de discípulo misionero. Es imprescindible que la catequesis favorezca una lectura personal y comunitaria de la Sagrada Escritura. Por ejemplo, cuando leemos la Biblia como católicos hispanos lo hacemos "en español," es decir, a la luz de nuestra realidad y nuestras muchas experiencias. En los relatos bíblicos descubrimos que Dios camina con el inmigrante, ama a los más débiles con amor preferencial, tiene un mensaje de esperanza y nos ama como comunidad a pesar de nuestras limitaciones. La catequesis tiene que ser un espacio para encontrarnos frecuentemente con la Palabra de Dios por medio de la Sagrada Escritura.

La Sagrada Tradición se refiere a lo que la Iglesia cree en cuanto a su doctrina, vida y culto, lo cual recibió de los Apóstoles y ha transmitido desde el principio. La Iglesia, como comunidad de fe guiada por el Espíritu Santo, crece en la comprensión de esta Tradición a medida que cada generación la hace suya (ver Dei Verbum n. 8). He aquí la importancia de que, por medio de la catequesis, todo cristiano entienda con claridad qué es lo que la Iglesia cree, cómo lo vive y cómo lo celebra. Un recurso clave para ello es el *Catecismo de la Iglesia Católica*, en donde encontramos una articulación básica y muy completa de lo que nos identifica como católicos. El Catecismo en sus cuatro partes—la profesión de la fe, la celebración del misterio cristiano, la vida en Cristo y la oración cristiana—nos permite contemplar cómo la sinfonía de la fe, en medio de su complejidad, tiene mucho sentido y nos da vida. Los católicos hispanos en Estados Unidos hemos llegado al conocimiento de esta fe de la Iglesia en varios contextos, algunos en los mismos Estados Unidos y en el caso de los inmigrantes en sus países de origen. La forma en que los hispanos aprendimos nuestra fe, el espíritu latino con el que la vivimos y la variedad de expresiones latinas con las cuales la celebramos son muy importantes. Por ello, es importante que la catequesis tenga en cuenta estas experiencias cuando propicia un encuentro con la Sagrada Tradición.

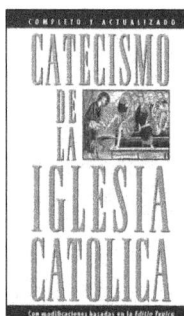

Existen otros recursos que tienen el potencial de hacer de la catequesis una experiencia dinámica y efectiva. Los directorios nacionales para la catequesis proveen directrices específicas a la luz de la experiencia local. Estados Unidos tiene un Directorio Nacional para la Catequesis muy completo, disponible tanto en español como en inglés. Los documentos del Magisterio (el Papa y los obispos), los libros de teología, las guías catequéticas, los libros sobre catequesis y espiritualidad son recursos con los cuales los catequistas debemos estar familiarizados. Hay que tener presente, además, que contamos también con herramientas de apoyo, como pueden ser los descubrimientos de vanguardia en materia de ciencias humanas, y aquellos conocimientos que nos ayudan a entender mejor la experiencia cultural de los pueblos. Conocimientos que, a la vez, nos ofrecen un lenguaje con el cual podemos comunicar más claramente lo que creemos.

## La experiencia católica hispana como recurso para la catequesis

Al comienzo del capítulo preguntábamos: ¿Qué identifica a una catequesis hecha en un contexto real de la experiencia católica hispana en Estados Unidos? Como acabamos de ver, la catequesis con católicos hispanos refleja las expectativas de la Iglesia respecto de esa actividad tan importante en el proceso de la evangelización, y que se traduce en etapas y procesos muy concretos. Sin embargo, cuando nos encontramos con personas latinas en nuestras comunidades, descubrimos varios elementos que son parte de la experiencia hispana y que facilitan la transmisión de la fe. La mayoría de católicos hispanos nos identificamos con el catolicismo y venimos de familias y tradiciones en las cuales el catolicismo ha permeado nuestra manera de ser y de ver el mundo. Esto no siempre significa que los católicos latinos conocen el contenido de la fe o que siempre la practican y la celebran. Sin embargo, podemos identificar algunos elementos en la experiencia hispana que los catequistas harían bien en usar como punto de partida para facilitar un encuentro transformador con Jesucristo y crecer conscientemente en su identidad como sus discípulos. Entre ellos podemos resaltar los siguientes:

1. *Identidad católica.* La influencia del catolicismo en la experiencia social y religiosa de los latinos es innegable. Cinco siglos de fuerte influencia de la Iglesia Católica en Latinoamérica, Norteamérica y el Caribe han dejado una huella profunda. De hecho la mitad de los católicos en el mundo entero vivimos en esta región del mundo. Esta influencia ha conducido a una especie de catolicismo cultural con el cual millones y millones de personas se identifican. Dicho catolicismo cultural no debe entenderse como la meta final o el ideal, pues la mayoría de hispanos dicen ser católicos pero no practican su fe de una manera activa. Sin embargo, dicha identidad sí es un punto de partida. Al menos sabemos que muchos de estos católicos culturales no niegan a Dios ni tienen aversión hacia la Iglesia. Muchos de ellos llegan cada semana a nuestras comunidades buscando los sacramentos, aun cuando a veces los buscan solo por costumbre o tienen ideas equivocadas de ellos. Muchos todavía reconocen las parroquias católicas como centros donde podrán encontrar acompañamiento espiritual e incluso ayuda material. En lugar de recriminar a estos católicos culturales por no vivir su fe con más compromiso cuando llegan a la catequesis, debemos comenzar por acogerlos calurosamente y afirmar aquellos elementos de catolicismo que ya existen en sus vidas para así invitarles a vivir y celebrar su fe más de lleno.

2. A lo largo del continente y del Caribe las culturas latinas se identifican por su gran sentido comunitario. Esto se debe en parte a la influencia de la Iglesia Católica en muchas de estas sociedades al igual que a las raíces culturales indígenas y africanas que las caracterizan. La centralidad de la comunidad contrasta de varias maneras con el individualismo que normalmente caracteriza la cultura norteamericana. Desde una edad temprana los hispanos aprendemos a formar nuestra identidad a partir de nuestras relaciones con la familia, los vecinos y los amigos. Nuestra lectura de la historia tiende a identificar aquellos momentos en que se forja la identidad como pueblo y los recordamos constantemente para no olvidar de dónde venimos o quiénes somos. Algunas características comunes entre los latinos son la solidaridad y el sentido de hospitalidad. Es vivificante escuchar expresiones tales como "donde come uno, comen dos" o "mi casa es tu casa". Cuando hablamos de una catequesis que lleve a la corresponsabilidad, nos referimos a afirmar estas características. Los latinos en general tenemos un sentido fuerte de familia. Al centro de esta idea está la familia tradicional: papá, mamá e hijos. Otros familiares juegan un papel muy importante en la formación de la identidad de la persona y de la fe: abuelas y abuelos, tías y tíos, primas y primos. También aquellas personas que son invitadas a ser parte de la familia gracias a vínculos religiosos tales como los compadres y comadres, madrinas y padrinos. Las familias latinas no son perfectas, pues muchas enfrentan retos fuertes que con frecuencia se agravan con situaciones migratorias o por condiciones de pobreza. Cuando en la catequesis hablamos de lo que significa ser comunidad cristiana o el valor de la familia, existen muchos ejemplos y experiencias entre los latinos que podemos resaltar. La idea no es nueva para muchos hispanos; simplemente tenemos que cultivar lo que ya existe en la conciencia hispana, y de vez en cuando,

corregir aquellas prácticas que contradicen la visión cristiana de la familia y de la comunidad.

3.  Visión sacramental del mundo. Una de las características de las culturas latinas y de la comunidad católica hispana en Estados Unidos es la apertura sincera a la presencia de Dios en la vida diaria. En la tradición católica esto se conoce como una visión sacramental del mundo. Gracias a esta visión celebramos los sacramentos y sabemos que Dios actúa en nuestro mundo y en nuestras vidas. Sabemos que el agua del Bautismo nos hace partícipes del Misterio Pascual de Cristo y que el pan y el vino se convierten en la presencia real y verdadera de Jesucristo para alimentarnos en la Eucaristía. Esta visión sacramental también predispone a las personas a reconocer la presencia de lo sagrado no solo en los ritos y objetos religiosos que encontramos en las iglesias, sino también en otras circunstancias, momentos, espacios y realidades más allá de las prácticas religiosas. Al centro de esta visión sacramental del mundo está la religiosidad popular o lo que algunos teólogos llaman el "catolicismo popular". Muchos hispanos quizás no tienen la formación necesaria para explicar los contenidos de la fe cristiana pero los viven por medio de prácticas de religiosidad popular tales como las posadas, los altarcitos, los penitentes, las procesiones y muchas otras más. La visión sacramental del mundo permea todo elemento de la vida diaria de los hispanos, incluyendo expresiones diarias como "si Dios quiere" o "¡Ave María Purísima!", relaciones familiares como padrinos y ahijados, las continuas bendiciones que recibimos de mamás y abuelas, y expresiones públicas de religiosidad como las imágenes religiosas que adornan nuestras casas y automóviles. Al centro de esta religiosidad popular se encuentra la riqueza de las devociones marianas. El amor a María es profundo entre los la-

tinos en Estados Unidos, especialmente bajo la advocación de Nuestra Señora de Guadalupe. Sin embargo, hay muchas devociones Marianas que hemos traído de Latinoamérica y el Caribe, las cuales se celebran durante el año, tanto en las parroquias como en los hogares. Una catequesis evangelizadora en Estados Unidos debe estar atenta a estas expresiones de catolicismo popular y a la visión sacramental del mundo, parte importante de las culturas hispanas. No podemos asumir que los católicos hispanos llegan a la catequesis o a nuestras comunidades sin saber nada de su fe.

> *La visión sacramental del mundo permea todo elemento de la vida diaria de los hispanos.*

Muchos la viven de una manera básica pero profunda por medio de estas expresiones, las cuales claramente sirven como punto de entrada para una catequesis más formal. En algunos casos estas prácticas necesitan corregirse con la finalidad de asegurar su consonancia con la autenticidad del mensaje cristiano. Si la catequesis ignora estas prácticas y esta visión sacramental del mundo a través de los católicos hispanos, corre el riesgo de ignorar algunos de sus elementos más profundos de experiencia religiosa.

4. *Espíritu de solidaridad y compromiso social.* Al centro de la tradición católica y una de las marcas que identifican el actuar del cristiano en la vida diaria es el compromiso social, como parte de reconocer el rostro de Cristo en los demás, especialmente los más débiles. Creer exige actuar, pero actuar con el amor de Dios que lo transforma y lo renueva todo. A este amor la tradición cristiana lo llama *caridad*. El Apóstol Santiago insiste en su carta: "Muéstrame tu fe sin obras y yo te mostraré mi fe a través de las obras". (Santiago 2:18). La

catequesis es un espacio privilegiado para facilitar el encuentro de quienes participan en ella con la riqueza de la Doctrina Social de la Iglesia. Estas enseñanzas nos ayudan a entender que ser cristiano significa ser signos de justicia y responsabilidad en nuestras familias, comunidades y sociedad. El conjunto de enseñanzas sociales de la Iglesia es amplio y en algunos casos complejo. Un buen recurso para familiarizarnos con estas enseñanzas es el *Compendio de la Doctrina social de la Iglesia* (disponible en línea en la página del Vaticano). Como catequistas nos podemos preguntar: ¿Cuáles elementos de la Doctrina Social de la Iglesia debemos enseñar en el contexto del ministerio hispano? ¿Cómo relacionar estas enseñanzas con la realidad de los hispanos en nuestras comunidades? Sería ideal que todo programa de catequesis, ya sea con niños o jóvenes o adultos, incluyera varias secciones sobre compromiso social cristiano a la luz de las enseñanzas de la Iglesia. Sin embargo, en el contexto del ministerio hispano hemos de comenzar con las situaciones más inmediatas que afectan las vidas de quienes son parte de nuestras comunidades. Por ejemplo, muchas personas son inmigrantes que tienen grandes dificultades, otras carecen de trabajo, otras viven en la pobreza, otras tienen problemas de alcoholismo y drogadicción, otras no tienen acceso a educación de calidad, muchos jóvenes latinos se sienten acogidos en sus comunidades y tienen dificultades para adaptarse a una cultura que parece no entenderles, algunos profesionistas latinos no pueden abrirse espacio en sus campos, un gran número de adolescentes latinas son madres solteras y muchas familias tienen dificultades para mantenerse unidas. Las familias hispanas saben de estas realidades porque con seguridad las están viviendo ellas mismas o conocen a alguien que las vive. Muchas de ellas hacen lo que pueden a partir de un espíritu natural de solidaridad. Es extraordinario ver la generosidad de muchos hispanos que tienen poco pero comparten su tiempo y su talento, y con frecuencia sus pocos recursos económicos, con personas necesitadas en su comunidad. Muchos hispanos están enviando grandes cantidades de dinero a Latinoamérica y al Caribe para ayudar económicamente a familiares y amigos que padecen grandes necesidades. La catequesis debe ayudar a los hispanos a fortalecer ese espíritu de solidaridad, reconociendo lo que ya hacen por los demás, acercando las enseñanzas de la Iglesia sobre justicia y compromiso social a las realidades que afectan sus vidas, y a participar en procesos políticos y sociales que ayuden a construir una mejor sociedad.

5.  *Idioma y cultura.* La primera ola de inmigrantes católicos que llegó a Estados Unidos vino primordialmente de Europa. Al llegar al país entraron en un proceso de asimilación que de diversas maneras implicaba asumir la nueva cultura y el nuevo idioma (inglés) como rasgos prioritarios, mientras que su cultura original y su idioma tendrían que pasar a un segundo plano. Para algunos esto fue posible, para otros no, pues no es fácil dejar de lado lo que uno es. Esta vez, católicos de Latinoamérica y el Caribe protagonizan esta nueva ola de migración católica. Una de las características de esta nueva ola migratoria es la insistencia en la *integración* en lugar de asimilación. Por ello, muchos inmigrantes latinos y sus descendientes dan bastante importancia al idioma español, especialmente cuando se trata de asuntos relacionados con la

> *Mientras cientos de miles de inmigrantes de países de habla hispana sigan llegando a Estados Unidos, la Iglesia tiene la responsabilidad de ofrecer cuidado pastoral y una catequesis adecuadamente planeada en español.*

religión y la transmisión de valores. Junto con el idioma también nuestras familias latinas afirman elementos culturales que les identifican como comunidad y que les dan un sentido de pertenencia. Esto no quiere decir que todos los latinos en Estados Unidos hablen español o que prefieran comunicarse en español. De hecho, la mayoría de latinos en el país hablan inglés y cada vez es mayor el número de quienes lo usan como su idioma principal. La mayoría de parroquias en Estados Unidos que tienen un ministerio hispano ofrecen sus servicios en español porque este es el idioma que los latinos, inmigrantes y nacidos en el país, piden para expresar y vivir su fe. Mientras este sea el caso, y mientras cientos de miles de inmigrantes de países de habla hispana sigan llegando a Estados Unidos, la Iglesia tendrá la responsabilidad de ofrecer cuidado pastoral y una catequesis adecuadamente planeada en español. La Instrucción *Erga Migrantes Caritas Christi* (La caridad de Cristo hacia los emigrantes) del Pontificio Consejo para la Pastoral de los Emigrantes e Itinerantes , promulgada en el 2004 nos recuerda que una de las opciones pastorales específicas que la Iglesia debe hacer para acoger a los emigrantes es afirmar "la importancia de [su] lengua materna…, a través de la que expresan mentalidad, forma de pensar, cultura y rasgos de su vida espiritual y de las tradiciones de sus Iglesias de origen (n. 38).

Sabemos por experiencia pastoral que millones de católicos hispanos nacidos en Estados Unidos se forman en la fe a través de familiares y catequistas inmigrantes. Con frecuencia los símbolos y los conceptos básicos de la fe se enseñan y refuerzan en casa. ¡Aunque la mayoría de hispanos hablan inglés, de acuerdo a la oficina del Censo, el 75 por ciento de todos los latinos mayores de 5 años en Estados Unidos hablan español en casa! Como ya dijimos, la transmisión de la fe está íntimamente ligada a la experiencia cultural de la familia hispana. Ignorar la conexión familiar, limitando así el acceso a una catequesis en español, a pesar de lo necesaria y requerida que resulta hoy en día, puede limitar gravemente el proceso de evangelización en la comunidad hispana. Cada vez serán más las ocasiones en las que será necesario ofrecer una catequesis en inglés a niños, jóvenes y adultos hispanos. Esta catequesis no puede ignorar los elementos culturales que acompañan la identidad hispana. Por consiguiente, los catequistas y evangelizadores necesitamos desarrollar para estos casos una catequesis con auténtico "sabor hispano". Por último, la catequesis debe poner atención especial a aquellos grupos latinos, especialmente de origen indígena, para quienes el español y el inglés no son su primer idioma. Muchos de ellos son católicos y necesitan una atención catequética especial que afirme sus raíces culturales en los idiomas o dialectos que hablan.

Una catequesis evangelizadora en el contexto del ministerio hispano ha de procurar el encuentro íntimo y transformador con Jesucristo, la máxima revelación del Dios de la Vida, como fruto de la acción del Espíritu Santo. En ese encuentro la Palabra de Dios nos habla en medio la particularidad de nuestra realidad, a la luz de nuestra experiencia aquí y ahora, con la certeza de que Dios camina con nosotros como pueblo llamado a construir el Reino de Dios en esta parte del mundo. Los recursos que hemos estudiado en este capítulo tienen como propósito facilitar tal encuentro transformador. Una catequesis

> **Cinco características de la experiencia católica hispana que vale la pena tener en cuenta en toda catequesis**
>
> 1. Identidad católica
> 2. Sentido profundo de familia y comunidad
> 3. Visión sacramental del mundo
> 4. Espíritu de solidaridad y compromiso social
> 5. Idioma y cultura

hispana debe afirmar el potencial para vivir una vida más auténticamente cristiana que ya existe en la cultura y tradiciones religiosas latinas. En muchas ocasiones ellas han de tratarse como puntos de partida que conduzcan a una intimidad más profunda con Cristo en su Iglesia.

## Para la reflexión...

1. ¿Qué actitudes o prácticas en la cultura estadounidense promueven una separación artificial entre fe y vida? ¿Qué elementos de la cultura latina crees que debemos afirmar para contrarrestar dichas actitudes y prácticas?

2. ¿Qué tan central es el uso de la Sagrada Escritura en la catequesis en tu comunidad de fe? ¿Y en tu familia? ¿Qué clase de catequesis se necesita para crecer en un conocimiento más profundo de la Sagrada Escritura?

3. ¿Cómo imaginas una catequesis en inglés con "sabor latino"?

# 5. La catequesis hispana en la vida parroquial

"La catequesis es una responsabilidad de toda la comunidad cristiana", afirma con ímpetu el Directorio General para la Catequesis (n. 220). No es una opción, pues la evangelización se vería privada de una de las tareas más importantes en lo que respecta al mensaje del Evangelio y preparar al Pueblo de Dios para celebrar los misterios de la fe, especialmente por medio de los sacramentos. Tampoco es la tarea de unas cuantas personas especializadas, ya sean los ordenados o los consagrados o quienes tienen las credenciales académicas para dirigirla. Si fuera así, solo unos cuantos resultarían responsables de ella y al resto poco le importaría si se hace bien o no. Hay que decirlo una vez más: "La catequesis es una responsabilidad de toda la comunidad cristiana". Todos los bautizados somos responsables de la catequesis. Comenzando con los padres de familia, como los primeros educadores en la fe, y llegando hasta los obispos de cada diócesis, a quienes la Iglesia reconoce como los catequistas por excelencia y, por consiguiente, los primeros responsables por la catequesis.

Cuando reflexionamos sobre la catequesis en el contexto del ministerio hispano en la parroquia, aplica el mismo principio: "La catequesis es una responsabilidad de toda la comunidad cristiana". Es tentador pensar que la catequesis entre los hispanos es responsabilidad solo de quienes hablan español o de quienes desean trabajar con la comunidad hispana. Esto no solo es un error práctico, sino que también puede considerarse una negligencia pastoral. Todos los miembros de la comunidad parroquial son responsables de la catequesis con los católicos hispanos, al igual que los católicos hispanos son responsables de la catequesis de todos los miembros de su parroquia. La gravedad de esta responsabilidad se acentúa cuando nos enfocamos en los líderes pastorales, especialmente los ministros ordenados, las religiosas y religiosos, los ministros eclesiales laicos y otros bautizados que han asumido la responsabilidad del cuidado de almas de todos los que pertenecen a la comunidad. Estos líderes pastorales son los primeros que han de velar porque todos los católicos hispanos de todas las edades, procedencias y condiciones sociales reciban una catequesis adecuada. Ellos representan al obispo en la parroquia respecto de esta misión evangelizadora. Por eso se espera que el obispo de cada diócesis sea el primer abanderado en asegurarse de que, dondequiera que haya católicos hispanos, se ofrezca una catequesis de calidad. La responsabilidad de la catequesis de los católicos hispanos va mucho más allá de cualquier identificación étnica o cultural. Es una responsabilidad enraizada en el compromiso bautismal y en la convicción misionera de ir a hacer discípulos a todos los pueblos.

## ¿Vino nuevo en odres viejos?

En Estados Unidos la gran mayoría de parroquias ha desarrollado un sistema bastante organizado de educación en la fe. En el caso de niños y jóvenes, el modelo de organización catequética más común es aquel que avanza en sincronía con los años escolares. De acuerdo con esto, las clases se toman por 12 años, comenzando desde el kínder. Los programas normalmente son dirigidos por un líder pastoral profesional que tiene un título académico en educación o teología. En ocasiones este líder es un ministro ordenado o consagrado, pero es más común que sea una persona laica. A veces existe un equipo que lleva a cabo esta dimensión del ministerio eclesial de la Palabra. Las clases se reúnen uno o dos días a la semana. A medida que los niños y los jóvenes pasan de un grado al siguiente, van recibiendo los sacramentos. En un mundo ideal, si las familias son constantes trayendo sus hijos a la catequesis, este modelo daría muy buenos resultados porque se puede medir el progreso y la catequesis retoma temas similares cada vez con más profundidad. Existen otros modelos también como la catequesis hecha en casa por los propios padres de familia. Están también las catequesis basadas en el leccionario dominical y otras que se enfocan primordialmente en la preparación sacramental. En los últimos años se ha venido hablando de una catequesis integral o total o familiar, la cual ofrece espacios de formación en la fe para toda la familia, catequesis que sigue un currículo que va de acuerdo al año litúrgico. Muchos niños y jóvenes reciben la catequesis en escuelas católicas. Muchos jóvenes se forman en la fe a través de grupos de pastoral juvenil. Para los adultos se ofrecen programas de estudio bíblico y de doctrina, programas que se acompañan con programas de formación espiritual. En general la catequesis en las comunidades católicas es bastante diversa y estructurada.

Muchos hispanos se benefician de estos modelos de formación catequética. Algunos de estos modelos ciertamente parecen responder mejor que otros a las necesidades pastorales y espirituales de la comunidad hispana. Otros todavía tienen mucho camino por recorrer para servir de lleno a esta población que está transformando la experiencia católica en Estados Unidos. Por ejemplo, sabemos que aproximadamente el 55 por ciento de la población católica en el país es hispana pero solo el 4 por ciento de los latinos en edad escolar van a las escuelas católicas. Los hispanos no se benefician mucho de la excelente educación y catequesis que ofrecen estas instituciones. Muchos de los programas de pastoral juvenil en el contexto anglosajón por lo general no atraen a los jóvenes hispanos, tanto inmigrantes como nacidos en Estados Unidos. Hablaremos más sobre esto en el capítulo 6. En la mayoría de parroquias en donde hay hispanos se replican en español las estructuras de organización que existen en inglés para la catequesis de niños, jóvenes y adultos, pero no siempre funcionan con la misma efectividad. Muchos padres de familia hispanos solo llevan a sus hijos para recibir los sacramentos de iniciación (Bautismo, Confirmación y Eucaristía). Quizás la gran mayoría, especialmente los inmigrantes que llegan de Latinoamérica y el Caribe, vienen de contextos en los cuales el modelo académico, es decir la catequesis organizada de acuerdo a grados escolares, no es muy común. Gran parte de la catequesis en sus países de origen se recibe en el ambiente católico que permea la vida familiar y social; otros reciben clases de religión en instituciones escolares públicas. Al llegar a Estados Unidos se encuentran con la realidad de que los católicos somos una minoría (solo el 25 por ciento de la población total en el país), que la separación constitucional entre Iglesia y Estado no permite que se enseñe religión en las escuelas públicas, que el ambiente cultural no siempre favorece la práctica de la fe—de hecho, muchas son las veces en que parece querer erradicarla por medio de actitudes secularizadoras—y que lamentablemente muchos de ellos nos son propiamente acogidos, con su cultura, idioma, tradiciones y necesidades, en las comunidades católicas a donde llegan.

A medida que la presencia hispana incrementa en las parroquias y los distintos grupos de fe en Estados Unidos, es urgente que evaluemos cuáles de las estructuras tradicionales para la catequesis funcionan bien y cómo podemos garantizar que niños, jóvenes y adultos hispanos se beneficien. También tenemos que ver cuáles de esas mismas estructuras deben ser revisadas y adaptadas para responder mejor a la realidad y necesidades de los católicos hispanos. No es lo mismo ofrecer una catequesis a una comunidad de familias profesionales—inmigrantes o no—con títulos académicos y posiblemente de clase media viviendo en las afueras de las grandes ciudades que ofrecerla a una comunidad de inmigrantes que llegaron recientemente a vivir en zonas urbanas y a trabajar en campos o fábricas o áreas del servicio, dedicando la mayor parte de su tiempo a sus tareas laborales. Al mismo tiempo tenemos que estar atentos a los espacios compartidos en donde las comunidades latinas educan en la fe. Quizás muchos de estos son distintos de los espacios más tradicionales como las iglesias o las escuelas parroquiales. Cuando hablamos de catequesis en el contexto del ministerio hispano, por consiguiente, necesitamos establecer estrategias que nos permitan llevar la Buena Nueva a donde se encuentre el pueblo hispano, aun cuando esto requiera adaptar o cambiar las estructuras con las que estamos acostumbrados a hacer catequesis en Estados Unidos.

## Lugares y agentes clave para una catequesis hispana

### La familia hispana

Sin lugar a duda el primer lugar para una catequesis hispana es la familia hispana. El Directorio General para la Catequesis nos recuerda que el papel de la familia en la catequesis es "insustituible". Es más, "la catequesis familiar precede, acompaña y enriquece toda otra forma de catequesis" (DGC, n. 226). El sentido de familia entre los católicos hispanos es bastante profundo y quienes viven en casa juegan un papel muy importante en la formación de los más jóvenes. Por supuesto, los padres de familia son los primeros educadores en la fe y a ellos compete dar testimonio con sus palabras y acciones de lo que significa ser un discípulo auténtico de Jesucristo. Es responsabilidad de los padres de familia católicos asegurarse de que sus hijos reciban una catequesis adecuada y de que ellos también sean catequizados constantemente. En el seno de muchas familias hispanas descubrimos el papel central de las abuelas en la transmisión de la fe. Con frecuencia las abuelas hispanas—más que los abuelos—son reconocidas como figuras de sabiduría y las personas a quienes el resto de la familia ve como punto de referencia en la transmisión de valores morales y religiosos. Una catequesis hispana debe buscar activamente la manera de coordinar los procesos de transmisión de la fe en la parroquia y en los distintos grupos eclesiales con las dinámicas familiares que caracterizan a la familia hispana.

Sabiendo que muchos programas de catequesis y educación religiosa en Estados Unidos están organizados a nivel parroquial, es urgente que estos programas hagan todo lo posible por involucrar a los padres de familia, a las abuelas y abuelos, y a cualquier otro adulto que viva en la casa en la catequesis de los más jóvenes. Al mismo tiempo, cuando se establecen programas de catequesis para adultos, estos programas deben crear oportunidades para que los adultos hispanos puedan tener momentos de encuentro, discusión y celebración de su fe con niños y jóvenes. En varias partes de Latinoamérica se han desarrollado iniciativas bastante efectivas de *catequesis familiar*. Estas iniciativas procuran que el aprendizaje y la celebración de la fe involucren a todos los miembros de la familia. Los padres de familia y adultos que viven en el hogar reciben la formación y el apoyo necesarios para compartir la fe con sus hijos. Los hijos participan de experiencias catequéticas con sus familiares adultos. Pero quizás lo más importante de este proceso catequético familiar es que quienes participan en ellos son invitados a celebrar la Eucaristía y los demás sacramentos, y a participar *en familia* de los momentos de oración. Esta vivencia de la fe como familia tiene muchas ventajas. Entre ellas, la catequesis familiar genera responsabilidad para que quienes viven en el hogar se ayuden mutuamente a crecer en la fe. La catequesis familiar invita a que lo que se vive en la iglesia se siga compartiendo en el hogar y lo que se vive en el hogar se lleve como ofrenda y oración a la iglesia. Por último, la catequesis familiar se entiende como un proceso que ocurre continuamente durante la semana, no solo por unas cuantas horas.

A los católicos hispanos por lo general no hay que convencerles sobre la importancia de la familia y las posibilidades de una catequesis efectiva en el contexto familiar. Lo que sí hay que hacer es ayudarles con formación, recursos y apoyo para que esta catequesis dé frutos en abundancia.

## Las pequeñas comunidades eclesiales hispanas y los movimientos eclesiales

Una de las características centrales en los procesos de evangelización de los católicos latinoamericanos y los hispanos en Estados Unidos es la formación de pequeñas comunidades eclesiales. A través de la historia, los cristianos han usado este tipo de comunidades con el objeto de compartir la Buena Nueva y celebrar la fe en un ambiente mucho más íntimo.

Las pequeñas comunidades eclesiales tienen un estilo familiar. Son grupos pequeños, normalmente integrados por los miembros de unas cuantas familias que viven en un barrio o sector específico de un pueblo o ciudad. Muchas de ellas se reúnen en casas, aunque también en la iglesia o en escuelas y centros comunales. A veces agentes pastorales bien formados, tales como sacerdotes, diáconos, religiosas y laicos profesionalmente educados en teología coordinan las dinámicas en estos grupos. Sin embargo, es más frecuente que los líderes de estas comunidades sean personas de las mismas familias y del mismo barrio: madres y padres de familia, obreros, abuelas y abuelos, maestros, catequistas, profesionales en otras áreas, etc. Estas personas sirven como facilitadores de la conversación en las pequeñas comunidades. Las conversaciones normalmente se centran en el estudio de la Sagrada Escritura y temas de la fe cristiana católica. Es aquí donde estas comunidades emergen como lugares privilegiados para la catequesis con católicos hispanos. Con la certeza de que Dios nos habla hoy, la Biblia se lee como Palabra de Dios dirigiéndose al pueblo hispano en el aquí y ahora de su realidad. Los grandes temas de la fe se escudriñan con atención para ver cómo, a partir de la experiencia de ser católico hispano en Estados Unidos, se entiende mejor al Dios de la Vida que se revela por medio de Jesucristo y nos sigue llamando a ser Iglesia. La intimidad de las pequeñas comunidades eclesiales provee espacios seguros para que quienes participan en ellas se sientan con la confianza de hacer preguntas, ofrecer análisis críticos e incluso compartir su experiencia personal—algo que es muy difícil hacer por ejemplo cuando se va a una Misa con quinientas personas o más. La mayor parte del tiempo las pequeñas comunidades eclesiales son espacios de crecimiento personal y comunitario. A menudo la catequesis y la reflexión que se hace en estos grupos conducen a compromisos específicos que responden a situaciones relacionadas con las vidas de las familias y los vecinos allí reunidos. En su declaración pastoral, Encuentro y Misión: Un Marco Pastoral Renovado para el Ministerio Hispano, publicada en el 2002, los obispos católicos de Estados Unidos afirmaron el valor de las pequeñas comunidades y los movimientos apostólicos entre los hispanos "como una respuesta eficaz que reúne a familias dentro de un contexto cultural y de fe, afirmando y apoyando la vida familiar, el idioma y cultura de la comunidad, y la participación plena en la parroquia" (n. 42). Los obispos reconocieron su potencial para afirmar la fe de los creyentes al igual que su efectividad "para fomentar la evangelización, la formación de líderes, y las vocaciones al sacerdocio y a la vida consagrada" (n. 41).

Junto con las pequeñas comunidades eclesiales, la experiencia católica hispana se enriquece constantemente con el dinamismo de los movimientos eclesiales. Estos movimientos son, sin lugar a duda, manifestación de la acción del Espíritu Santo en su Iglesia en nuestro tiempo. Los movimientos eclesiales son escuelas de espiritualidad y de vida cristiana que alrededor de un carisma en particular responden a la sed de Dios de nuestro pueblo. En la comunidad católica hispana muchos de estos movimientos eclesiales han echado raíces profundas; otros han nacido del seno de esta experiencia cultural y religiosa. Entre los movimientos eclesiales más conocidos entre los católicos hispanos podemos resaltar el Cursillo de Cristiandad, la Renovación Carismática, el Encuentro Matrimonia Mundial, el Camino Neocatecumenal, El Movimiento de Retiros Parroquiales Juan XXIII, la Legión de María, etc. Hay muchos otros a los que se han integrado hispanos católicos que viven en Estados Unidos y de los cuales se nutren en cuanto a espiritualidad y catequesis. La mayoría de estos movimientos eclesiales tienen modelos catequéticos bien definidos. Sin embargo, es importante que en el proceso de planeación de la catequesis parroquial, la catequesis que se provee en el contexto de los movimientos eclesiales, esté en concordancia con el resto de los esfuerzos catequéticos de la parroquia. Eso permitirá que, por un lado, cuando haya necesidad de fortalecer la catequesis en un movimiento en particular, la parroquia pueda ayudar con sus recursos. De la misma manera, también permitirá que, cuando un movimiento desarrolle modelos catequéticos efectivos y organizados, estos se puedan compartir lo más ampliamente posible, beneficiando así al resto de la comunidad parroquial y no solo a quienes se identifican más directamente con el movimiento. Para lograr esta colaboración se requiere de una visión de conjunto para la catequesis parroquial que invite a todos los agentes pastorales y catequéticos a unir esfuerzos en la formación del pueblo hispano.

El documento final de la Quinta Conferencia General del Episcopado Latinoamericano en Aparecida (2007) habla de las parroquias como "células vivas de la Iglesia" y "comunidad de comunidades." Esta última imagen es bastante familiar entre los líderes pastorales hispanos en Estados Unidos, especialmente al reconocer la presencia de las pequeñas comunidades eclesiales y los movimientos apostólicos. Los obispos latinoamericanos, haciendo eco de las palabras del documento *Ecclesia in America*, hacen un llamado a renovar las parroquias para que verdaderamente sean "espacios de la iniciación cristiana, de la educación y celebración de la fe, abiertas a la diversidad de carismas, servicios y ministerios, organizadas de modo comunitario y responsable, integradoras de movimientos de apostolado ya existentes, atentas a la diversidad cultural de sus habitantes, abiertas a los proyectos pastorales y supra parroquiales y a las realidades circundantes" (Aparecida, n. 170). Sin lugar a duda, las parroquias con ministerio hispano en

Estados Unidos, han de escuchar este llamado y han de desarrollar una catequesis que corresponda a dicha invitación, reconociendo la energía que le dan las pequeñas comunidades eclesiales hispanas y los movimientos eclesiales en las que los latinos participan.

## La comunidad parroquial hispana

Cada vez son más y más los católicos hispanos, tanto nacidos en el país como inmigrantes, que se integran a la vida de las más de 17.000 parroquias católicas en Estados Unidos. Sin embargo, alrededor de 4.000 de estas parroquias han establecido lo que con frecuencia se llama Ministerio Hispano, que definimos como *el esfuerzo de atención pastoral y espiritual que la Iglesia en Estados Unidos realiza como parte de su misión evangelizadora con los bautizados cuyas raíces étnicas, culturales y religiosas están insertas en la herencia hispana tal como se vive tanto en Latinoamérica, el Caribe, España y el territorio estadounidense.* Este ministerio hispano en la mayor parte de las comunidades parroquiales se hace en español, ofreciendo servicios y recursos en inglés según sea necesario. En varias comunidades parroquiales el ministerio se hace de manera bilingüe, lo cual exige ministros realmente bilingües y biculturales al igual que creatividad en la manera de servir pastoralmente.

La parroquia con ministerio hispano es un espacio muy importante para desarrollar la catequesis hispana. Estas parroquias proveen un espacio concreto y definido en donde los católicos hispanos saben que pueden formar comunidad y pueden encontrar a Dios en una tierra nueva. No es raro notar que uno de los primeros lugares a donde se dirigen los inmigrantes católicos latinos después de llegar al nuevo país es a una iglesia católica. ¿Por qué? Porque es un lugar familiar en el cual se sabe que hay vida de comunidad y al cual pueden pertenecer. La parroquia es un lugar atractivo para el inmigrante en el que puede sentirse seguro y acogido a pesar de su vulnerabilidad mientras se adapta a su nueva realidad. He ahí la urgencia de que toda parroquia con ministerio hispano sea una comunidad auténticamente acogedora. La parroquia con ministerio hispano es importante no solo para el inmigrante sino también para todos los latinos nacidos y criados en Estados Unidos por razones similares. En esta parroquia ellos encuentran un espacio en el que pueden construir comunidad con sus padres, abuelos, otros familiares y vecinos, una comunidad en la que aprenden a identificarse como católicos hispanos a medida que se abren espacio en la sociedad. La parroquia con ministerio hispano sirve a los latinos no-inmigrantes a tener un punto de referencia para relacionar su fe con una comunidad específica con la que existe una afinidad. La parroquia les da la certeza de que no están solos como católicos latinos. Aunque quizás muchos de ellos prefieran hablar inglés y este sea el idioma en el que sus vidas se desenvuelven a diario, el saber que hay una parroquia con ministerio hispano y en donde el idioma español no es extraño les permite establecer conexiones vitales que tienen el potencial de sostenerles en su identidad religiosa.

La comunidad parroquial hispana es un lugar privilegiado para la catequesis con católicos latinos porque el proceso de compartir la fe se relaciona naturalmente con la celebración de la Eucaristía y el resto de la vida sacramental de la Iglesia. El sabor latino de las celebraciones litúrgicas afirma la experiencia religiosa de los hispanos, sus raíces culturales y su manera de vivir el misterio de Dios en lo cotidiano. Las liturgias celebradas en el contexto del ministerio hispano con frecuencia reflejan la riqueza multicultural de la experiencia hispana en Estados Unidos. Al mismo tiempo estas liturgias presuponen una catequesis que refleja las mismas sensibilidades culturales y conduce a ellas. Por ejemplo, la celebración de la Fiesta de Nuestra Señora de Guadalupe cada 12 de diciembre no es una celebración mariana más en el calendario litúrgico. Esta fiesta es ante todo la celebración de la identidad religiosa y cultural de un pueblo. Por consiguiente, la catequesis que acompaña la celebración de Nuestra Señora de Guadalupe o cualquier acercamiento al misterio de la Virgen María desde la perspectiva hispana es una catequesis que afirma la historia del pueblo hispano católico en Estados Unidos, sus tradiciones culturales y religiosas, y uno de los símbolos religiosos más poderosos. Este tipo de celebración litúrgica y de catequesis se experimentan por lo general con más intensidad en comunidades parroquiales que explícita e intencionalmente han desarrollado un ministerio hispano.

En la parroquia con ministerio hispano los latinos han de encontrar líderes preparados y disponibles para acompañarles en la fe, lo cual exige que estos líderes pastorales sean capaces de ofrecer una catequesis que realmente lleve al encuentro con Jesucristo y sea transformadora. Para ello es imprescindible que esta catequesis haga contacto con los interrogantes y preocupaciones de la comunidad hispana, esperanzas y frustraciones, su cultura y tradiciones. La celebración de la Eucaristía, en la cual culminan y al mismo tiempo se renuevan los esfuerzos pastorales de toda comunidad parroquial, debe estar acompañada de una catequesis permanente. Lo mismo ha de ocurrir con la celebración de los demás sacramentos. Para ello es importante que esta catequesis permanente sea guiada por personas preparadas. Existe una gran urgencia de formar más directores de catequesis, ya sean latinos o líderes de otras culturas, que sinceramente afirmen y valoren la experiencia religiosa hispana. Ante todo han de ser personas que conozcan su fe, reconocidas por el esfuerzo de vivirla auténticamente y la puedan compartir con claridad y autenticidad. Mucho mejor si estas personas conocen las cualidades lingüísticas y culturales de la comunidad hispana, saben la historia de las familias que constituyen la comunidad, están familiarizadas con las tradiciones religiosas que dan vida a muchas personas en sus hogares y grupos, y están informadas sobre las situaciones sociales más urgentes que afectan a los hispanos en sus barrios y hogares. El ministerio hispano en la vida parroquial exige que la catequesis sea auténticamente encarnada.

◆ ◆ ◆ ◆ ◆

La reflexión en este capítulo ha hecho gran énfasis en las posibilidades que existen para desarrollar una catequesis con latinos en el contexto del ministerio hispano parroquial. Es en la parroquia en donde, por lo general, se hacen la mayoría de esfuerzos formales para una catequesis estructurada.

| Lugares y agentes clave para una catequesis hispana |
|---|
| 1. La familia hispana |
| 2. Las pequeñas comunidades eclesiales hispanas y los movimientos eclesiales |
| 3. La comunidad parroquial hispana |

Es por ello que los líderes catequéticos y otros agentes pastorales tenemos la responsabilidad de poner atención sincera a los lugares clave donde los católicos hispanos en Estados Unidos comparten su fe a diario: la familia, las pequeñas comunidades eclesiales, los movimientos eclesiales y las parroquias con ministerio hispano. Estos son espacios obvios desde la perspectiva hispana en donde se requiere de gran energía, creatividad e intencionalidad para llevar a cabo una catequesis evangelizadora.

Pero también hay que reconocer que hay muchos otros lugares más allá del contexto parroquial en donde la vida de fe de los católicos latinos se desenvuelve y que también requieren de la energía, creatividad e intencionalidad de nuestros líderes catequéticos. Vale la pena mencionar, por ejemplo, el hecho de que millones y millones de jóvenes hispanos pasan gran parte de sus vidas en los espacios virtuales del internet, de las redes sociales y de la televisión. Necesitamos desarrollar urgentemente una catequesis hispana que llegue a ese mundo virtual, de tal manera que conduzca a nuestros jóvenes a vivir y a celebrar su fe con el resto de sus familias y comunidades. Cientos de miles de católicos hispanos trabajan en campos, fábricas, casas de familia y otros sectores laborales que con frecuencia no están cercanos a iglesias católicas. Para este grupo también necesitamos desarrollar iniciativas catequéticas que faciliten oportunidades de crecimiento en la fe en los lugares donde viven y trabajan, oportunidades que les ayuden a analizar su propia realidad social y laboral a la luz de los principios del Evangelio. Un tercer contexto que vale la pena tener es en el que se desenvuelve la vida de los católicos latinos involucrados en iniciativas de organización comunitaria y activismo político. Por último, podríamos mencionar también el número creciente de profesionales, empresarios y dueños de negocios. Todas estas personas tienen el potencial de hacer una gran diferencia en la vida pública de nuestra sociedad y necesitan estar familiarizados con las enseñanzas de la Iglesia, especialmente aquellas relacionadas con la Doctrina Social de la Iglesia.

## Para la reflexión...

1.  ¿Por qué es importante que los católicos latinos se beneficien de la educación en las escuelas católicas en Estados Unidos? ¿Qué puedes hacer para que más familias latinas se beneficien de esta posibilidad?

2.  ¿Qué sugerirías para que la catequesis en tu parroquia se enfocara más en la familia como unidad y no solo en niños o jóvenes o adultos por separado?

3.  Habla con tu párroco o con algún líder del ministerio hispano o con la persona encargada de la catequesis con hispanos sobre cómo fomentar la formación de pequeñas comunidades eclesiales entre hispanos y apoyar la presencia de los movimientos eclesiales que ya existen en la parroquia. ¿Qué sugerirías? ¿Dónde crees que hay que comenzar?

# 6. Formación en la fe de niños y jóvenes hispanos

Quizás la mejor manera de apreciar el presente y el futuro del catolicismo en Estados Unidos es girar nuestra atención a los niños y los jóvenes hispanos. La población hispana en este país es una población bastante joven. El promedio de edad es 27 años, lo cual nos indica que gran parte de la población hispana está en la etapa de formar familias. Los hispanos en promedio tienen más hijos que cualquier otro grupo étnico en la nación. ¿Por qué es esto importante para la Iglesia Católica en Estados Unidos?, ¿para su evangelización y catequesis? Porque la Iglesia Católica es, sin lugar a duda, la institución que más profundamente se está transformando gracias a la presencia hispana. Se estima que en los años 1950s más del noventa por ciento de la población católica del país era blanca o anglosajona. Un poco más de cincuenta años después, esto ha cambiado significativamente. Más del cuarenta por ciento de todos los católicos, y aproximadamente cincuenta y cinco por ciento de los católicos menores de dieciocho años en el país son hispanos. Se estima que a mediados del siglo XXI cerca del sesenta y cinco por ciento de la población católica en el país tendrá raíces hispanas.

Estas cifras estadísticas nos llevan a concluir lo siguiente: *el futuro del catolicismo en Estados Unidos dependerá en gran parte de lo que hagamos para evangelizar y catequizar a los jóvenes hispanos HOY.*

> *¡El futuro del catolicismo en Estados Unidos dependerá en gran parte de lo que hagamos para evangelizar y catequizar a los jóvenes hispanos HOY!*

Sabemos que la mayoría de estos niños y jóvenes hispanos son católicos porque sus familias lo son y muchas están haciendo lo mejor para heredarles la tradición católica en el contexto estadounidense. Pero también sabemos que los jóvenes hispanos constituyen uno de los sectores más grandes en la cultura norteamericana que han dejado de identificarse con la Iglesia Católica y muchos incluso hablan de no identificarse con ninguna tradición religiosa. Se estima que cuatro de cada diez jóvenes hispanos nacidos de padres inmigrantes no se identifican con el catolicismo. Cinco de cada diez jóvenes de tercera generación (los nietos de las familias hispanas inmigrantes) no se identifican con el catolicismo. Al asumir el reto de la Nueva Evangelización al que ha sido invitada toda la Iglesia, en Estados Unidos una de las prioridades más urgentes son los niños y jóvenes hispanos.

Cualquier persona que visita las comunidades parroquiales alrededor del país, los centros urbanos y los muchos lugares en donde la población hispana está creciendo aceleradamente puede confirmar el sentido de urgencia de invertir recursos y energía en la catequesis de los jóvenes hispanos. Aunque se ha avanzado bastante en este sentido, especialmente en las últimas décadas, tenemos que reconocer con honestidad que es mucho lo que falta por hacer. Todavía en muchas partes del país hay líderes pastorales, programas y oficinas en todos los niveles de la vida de la Iglesia que no han girado su atención a la población hispana joven. Algunos parecen no entender el impacto de no servir adecuadamente a este grupo. Otros no saben por dónde comenzar, pues la realidad juvenil e infantil hispana es compleja. Mucho de esto tiene que ver con la diversidad cultural y frecuentemente con la situación socio-económica de muchos de estos niños y jóvenes. Otros argumentan estar ocupados en esfuerzos que son también muy importantes para la evangelización pero, al final no encuentran tiempo o les falta la energía para ocuparse de la realidad hispana. Tampoco aseguran recursos para que quienes estén interesados en trabajar con los niños y jóvenes hispanos lo hagan efectivamente. Cuando se trata de evangelizar a este importante sector de la población católica en Estados Unidos, el cual determinará en gran parte el florecimiento del catolicismo durante este siglo, los agentes pastorales y catequéticos necesitamos entrar en un proceso serio de concientización que lleve a la conversión. Ni la negligencia, ni la ignorancia o ni la inhabilidad para responder pueden considerarse como opciones válidas ante tal reto en este momento preciso de la historia.

## Los niños hispanos

Aproximadamente el quince por ciento de la población hispana en Estados Unidos es menor de 14 años. Estos niños y niñas viven en familias primordialmente católicas. En más del setenta por ciento de estas familias el español se habla como idioma principal. Al mismo tiempo, la gran mayoría de estos niños habla inglés porque es el idioma que domina una vez que comienza a interactuar con amigos fuera de sus casas o en la escuela o en el barrio. El inglés también es el idioma de la mayoría de los medios de comunicación, las redes sociales y los recursos tecnológicos que usan con frecuencia. Estos niños desde pequeños se mueven en ambientes bilingües y biculturales. Constantemente están negociando identidades.

La catequesis de estos niños debe tener en cuenta esa realidad bilingüe y bicultural. Porque millones de ellos están siendo educados en la fe en español por sus padres o usando tradiciones íntimamente asociadas con la realidad cultural hispana, la catequesis debe buscar formas de involucrar a los padres y a otros familiares adultos, y hacer las conexiones necesarias. Una catequesis que pretende desconocer, con o sin intención, lo que ocurre en los hogares de los niños hispanos es una catequesis que eventualmente cortará lazos muy importantes que pueden ayudar a estos niños a mantenerse católicos. El currículo, los materiales y los métodos de enseñanza que se usen en la catequesis de los niños hispanos deben ayudarles a reconocer que la fe es una experiencia que realmente tiene en cuenta las comunidades a las cuales pertenecen, en particular sus familias, sus barrios y su parroquia.

## ¿Quiénes son los jóvenes hispanos?

Lo primero que hemos de decir sobre los jóvenes hispanos que viven en Estados Unidos es que no conforman un grupo homogéneo. Por consiguiente, cualquier estrategia para la evangelización y la catequesis debe comenzar por reconocer que ser joven hispano es ser parte de una experiencia diversa, pero con muchas posibilidades. Para poder hablar adecuadamente de los jóvenes hispanos católicos, es importante mencionar el trabajo del Instituto Fe y Vida, cuyas oficinas centrales se encuentran en Stockton, CA. Por muchos años Fe y Vida ha estado a la vanguardia en investigar la realidad de los jóvenes católicos hispanos en Estados Unidos. Su trabajo de investigación ha hecho posible que hoy en día los líderes pastorales en Estados Unidos tengamos una mejor idea de quiénes son los jóvenes católicos hispanos y cuáles son las categorías más adecuadas para referirnos a esta población tan importante. Varias de las observaciones hechas en esta sección están basadas en los recursos elaborados por Fe y Vida a través de los años.

Uno de los primeros retos con los que nos encontramos cuando hablamos de jóvenes hispanos es establecer quiénes son. Las categorías que normalmente se usan en Estados Unidos para hablar de este grupo muchas veces no reflejan la experiencia cultural hispana. Por ejemplo, en la cultura estadounidense se usan categorías rígidas para hablar de las edades tempranas: niños (hasta los doce años), adolescentes o *teenagers* (hasta los diecinueve años) y jóvenes adultos (entre los veinte y treinta y nueve años). Estas categorías son usadas para el trabajo de pastoral juvenil. Sin embargo, en el contexto pastoral de la comunidad hispana, aparte de los niños (quienes más o menos se definen como menores de quince años), se usa el término más genérico: *jóvenes*. Joven es una persona normalmente entre los dieciséis y los treinta años. Estas diferencias afectan la forma en que se constituyen los grupos juveniles. En grupos que siguen el esquema anglosajón los jóvenes normalmente se reúnen de acuerdo a las categorías mencionadas anteriormente y con frecuencia los líderes de sus grupos son adultos profesionales o propiamente capacitados para dirigirlos. Entre los hispanos se habla más genéricamente de *Pastoral Juvenil Hispana*, la cual consiste en grupos de jóvenes de varias edades desde los dieciséis hasta más o menos los treinta años de edad, inmigrantes y nacidos en Estados Unidos, solteros y a veces casados y con hijos, algunos todavía en las escuelas y otros trabajando. El liderazgo tiende a ser más natural e interno al grupo. Con frecuencia los mismos jóvenes son los que guían sus reuniones y proyectos. La perspectiva es un poco más orgánica, lo cual refleja la experiencia cultural de las comunidades hispanas.

La diversidad de los jóvenes hispanos (entre los dieciséis y los treinta años) radica principalmente en la procedencia de muchos de ellos y de sus familias y de los espacios que habitan en el contexto multicultural estadounidense. Fe y Vida ha propuesto cuatro categorías válidas que nos ayudan a entender mejor quiénes son estos jóvenes. Veamos estas categorías y las características que los investigadores que las proponen han identificado para cada grupo:

---

**Los jóvenes hispanos en Estados Unidos**
- Trabajadores inmigrantes (25% a 45%)
- Buscadores de identidad (25% a 45%)
- Integrantes a la cultura dominante (15% a 25%)
- Pandilleros y jóvenes de alto riesgo (10% a 15%)

---

1. *Trabajadores inmigrantes.* Constituyen entre el veinticinco y el cuarenta y cinco por ciento de los jóvenes hispanos. La mayoría habla español, la mayoría son de origen mexicano, muchos son indocumentados, más del setenta y cuatro por ciento es católico, tienen poca educación escolar, tienen familias grandes, son motivados y esperanzados, están dispuestos a trabajar duro, buscan el apoyo moral y espiritual de la Iglesia, la mayoría tiene pocos recursos económicos y les interesa formar grupos y comunidades juveniles.

2. *Buscadores de identidad.* Constituyen entre el veinticinco y el cuarenta y cinco por ciento de los jóvenes hispanos. La mayoría es bilingüe y nació en Estados Unidos, son hijos de inmigrantes, terminan la preparatoria con dificultad, pocos van a la universidad, tienen poca autoestima, no tienen motivación, algunos buscan refugio en el alcohol, la droga o el sexo; encuentran esperanza en el trabajo, la familia o los amigos y forman parte de la clase media baja.

3. *Integrantes a la cultura dominante.* Constituyen entre el quince y el veinticinco por ciento de los jóvenes hispanos. La mayoría habla inglés, son motivados y esperanzados, la mayoría nació en Estados Unidos, están dispuestos a trabajar duro, van a la universidad y algunos asisten a escuelas privadas, no les interesa insertarse en la comunidad hispana pobre, a menudo abandonan la Iglesia Católica, tienden a despreciar a otros jóvenes hispanos, la mayoría pertenece a la clase media alta.

4. *Pandilleros y jóvenes de alto riesgo.* Constituyen entre el diez y el quince por ciento de los jóvenes hispanos. Su inglés y español son limitados, tienen poca educación escolar, la mayoría nació en Estados Unidos, manifiestan ira contra la sociedad, viven en los barrios latinos, experimentan desesperanza, la mayoría está desempleada, muchos son encarcelados, muchos consumen y/o venden drogas, la mayoría tiene pocos recursos

económicos y se acercan a la iglesia solamente a través de programas especializados.

Teniendo en cuenta estas descripciones generales, hablar de catequesis entre jóvenes hispanos exige que conozcamos bien cuáles de estos grupos están representados en nuestras comunidades parroquiales. La catequesis con estos grupos debe ser una catequesis ante todo de acompañamiento, una experiencia que les presente a Jesucristo como alguien que entiende las situaciones en las que se encuentran y les invita a ser sus discípulos. Tiene que ser una catequesis que les invite a integrarse de lleno a sus comunidades de fe como discípulos del Señor. Para ello se requiere que nuestras parroquias hagan un esfuerzo sincero para acoger a todos los jóvenes hispanos, para dedicar recursos apropiados a su evangelización y para crear espacios en donde no se encuentren rechazados. Observaciones pastorales revelan que muchos jóvenes hispanos no participan en muchos programas de pastoral juvenil de carácter cultural anglosajón, programas que tienden ofrecerse en parroquias y diócesis. Entre las razones para no participar están el no sentirse acogidos, muchas veces su idioma y su cultura no son reconocidos y con frecuencia estos programas de pastoral juvenil carecen de la sensibilidad y del interés para integrar las preocupaciones de los jóvenes hispanos. A veces la condición socio-económica al igual que la raza de estos jóvenes son percibidas con sospecha en nuestras propias comunidades.

Una catequesis evangelizadora con los jóvenes hispanos que son trabajadores inmigrantes ha de ayudarles a integrarse en nuestras comunidades de fe y facilitar la transición a la nueva cultura después de migrar. Una catequesis evangelizadora con los jóvenes hispanos que son buscadores de identidad necesita ser un espacio de acompañamiento que les ayude a discernir los elementos culturales que están negociando. Una catequesis evangelizadora con los jóvenes hispanos que son integrantes de la cultura dominante ha de ayudarles a reconocer la riqueza de la cultura de la que vienen y a examinar con los criterios del Evangelio los ambientes en los que se desenvuelven ahora sus vidas. Una catequesis evangelizadora con los jóvenes hispanos que son pandilleros y viven en condiciones de alto riesgo tiene que facilitar un encuentro con un Dios que ama, perdona y acompaña, un Dios que siempre está dispuesto a darles una nueva oportunidad en la vida sin importar cuántas veces se hayan alejado de su presencia.

## Espacios privilegiados para la catequesis con jóvenes hispanos

La catequesis con jóvenes hispanos sin lugar a dudas debe ser una prioridad en la vida parroquial. Esta catequesis debe ocurrir en los espacios en donde normalmente se comparte la fe: la familia, las pequeñas comunidades eclesiales, los movimientos y las parroquias, tal como hemos argumentado en otras partes de este libro. Sin embargo, hay dos espacios que se prestan para una catequesis más especializada entre los católicos hispanos jóvenes, con la intención de apoyarlos cada vez que tengamos la oportunidad.

Por un lado está la *Pastoral Juvenil Hispana*. Estos grupos son básicamente pequeñas comunidades eclesiales en donde jóvenes con distintas trayectorias de vida se encuentran para compartir tanto su experiencia personal como su fe. Los líderes pastorales que acompañan a estos grupos harán bien en fortalecer sus conversaciones con materiales catequéticos que les ayuden a encontrarse con la riqueza de la experiencia cristiana, ayudándoles a hacer conexiones personales, comunitarias y culturales. Los grupos de *Pastoral Juvenil Hispana* pueden ser una buena expresión de la catequesis permanente a la cual nos invitan varios documentos eclesiales sobre catequesis.

Por otro lado están las *escuelas católicas*. Estados Unidos cuenta con una de las redes de escuelas católicas más grandes del mundo entero a nivel de educación primaria y secundaria. Este sistema de escuelas ha probado ser una de las mejores inversiones de la comunidad católica en el país. La catequesis que se ofrece en estas instituciones es integrada al resto de la formación académica que reciben los estudiantes, lo cual permite ofrecerles una formación integral imbuida por los valores del Evangelio. La mayoría de los estudiantes que van a las escuelas católicas se gradúan, van a la universidad y se profesionalizan. Las escuelas católicas según estudios recientes, especialmente a nivel de secundaria, son semilleros por excelencia de vocaciones al sacerdocio ministerial, la vida religiosa y el ministerio eclesial laico. En ellas los estudiantes se encuentran no solo con la riqueza de la tradición católica sino también con muchos educadores y administradores que están convencidos de que su servicio es un ministerio en la Iglesia. Las ventajas de una educación en escuelas católicas han beneficiado a cientos de

> **Espacios privilegiados para la catequesis con jóvenes hispanos**
> - *Pastoral Juvenil Hispana*
> - *Escuelas católicas*

miles de niños y jóvenes católicos desde el siglo XIX hasta hoy. Debemos asegurarnos de que en el siglo XXI los niños y jóvenes católicos hispanos también se beneficien. Es un tanto preocupante que el número de los estudiantes hispanos en estas escuelas católicas es demasiado bajo: aproximadamente catorce por ciento; solo el cuatro por ciento de niños y jóvenes hispanos en edad escolar van a escuelas católicas. Existen varios esfuerzos a nivel nacional y diocesano para incrementar estos números. Los esfuerzos evangelizadores y catequéticos entre niños y jóvenes hispanos deben incluir una mayor concientización sobre su acceso a las escuelas católicas al igual que su retención. Dicha concientización debe comenzar con un trabajo más intencional con las familias hispanas.

## Algunas estrategias básicas para fortalecer la evangelización y la catequesis de jóvenes hispanos

Vale la pena resaltar algunas recomendaciones que, con frecuencia son parte de la reflexión sobre catequesis en el contexto del ministerio hispano católico en Estados Unidos. Un recurso muy interesante del cual podemos aprender mucho sobre cómo trabajar mejor con la juventud hispana—presente y futuro del catolicismo en Estados Unidos en el siglo XXI—son las conclusiones del Primer Encuentro Nacional de Pastoral Juvenil Hispana, el cual tuvo lugar en el año 2006. Este documento contiene una riqueza extraordinaria para quienes hacen pastoral juvenil y trabajan en procesos evangelizadores y catequéticos con jóvenes hispanos. De las muchas observaciones que aparecen en este documento, podemos resaltar las siguientes estrategias.

Los esfuerzos de evangelización de los jóvenes hispanos deben reconocer las particularidades y necesidades de estos grupos. Como dijimos anteriormente, no podemos tratar a todos los niños y jóvenes hispanos como si fueran un grupo homogéneo. Tampoco les podemos ignorar esperando a que se asimilen a experiencias eclesiales que raramente consideran sus interrogantes, sus retos, su cultura y sus familias.

La Iglesia en Estados Unidos necesita crear espacios en donde los niños y jóvenes hispanos puedan afirmar su fe como hispanos. Existe un deseo profundo entre esta población de entrar en relación con Jesucristo en la Iglesia. En general los jóvenes hispanos no reflejan un conocimiento erudito de los contenidos de la fe, pero como grupo participan de una tradición cultural y religiosa muy dinámica que les predispone a la práctica de la fe. Los grupos de *Pastoral Juvenil Hispana* son una gran opción para la evangelización de los jóvenes católicos hispanos.

La mayoría de jóvenes hispanos viven con sus familias. Con sus familiares celebran la fe, haciéndola parte del proceso de negociación de identidad en la sociedad estadounidense. La evangelización de los jóvenes hispanos debe involucrar a las familias. No olvidemos que estos jóvenes tienen el potencial de ser evangelizadores de sus padres, hermanos y otros adultos que son parte de la dinámica familiar.

Uno de los deseos más profundos de la juventud católica hispana es tener espacios suficientes para comprometerse como jóvenes y como creyentes. En el *Credo de la juventud hispana*, presentado durante el Primer Encuentro Nacional de Pastoral Juvenil Hispana, los adolescentes y jóvenes hispanos dijeron:

> **Creemos** en llevar una vida de comunión y solidaridad, en ejercer un liderazgo profético con base en la oración y los sacramentos, en tomar riesgos y mantener un compromiso serio con la evangelización de joven a joven...

> **Creemos** en un profundo compromiso de la comunidad juvenil, en que podemos fomentar la vida en comunidad y el amor a personas de otras razas y comunidades, en solidaridad con los más necesitados y los inmigrantes recién llegados, para que se realicen plenamente mediante su formación académica y espiritual.

Estas dos instancias nos dan una idea clara de la clase de catequesis que debemos planear en nuestras comunidades de fe. Para ello necesitamos escuchar a los mismos jóvenes hispanos, quienes con pasión y voz profética piden no ser tratados simplemente como objetos pasivos de la acción evangelizadora de la Iglesia sino como sus agentes.

Por último, una catequesis evangelizadora entre los jóvenes católicos hispanos exige la formación de catequistas que conozcan con profundidad la realidad juvenil hispana, su complejidad, sus culturas, sus interrogantes y sus esperanzas. Es urgente que los programas de formación ministerial, especialmente aquellos de agentes pastorales que planean trabajar con jóvenes y en programas de catequesis, incluyan unidades que creen competencias interculturales. Estos programas han de preparar a los líderes pastorales con las herramientas necesarias para servir en las circunstancias particulares de la realidad hispana. Al mismo tiempo, es vital que sigamos promoviendo más líderes hispanos para acompañar la pastoral juvenil y la catequesis dentro y fuera de la experiencia hispana. Cada vez son más los jóvenes que están dispuestos a asumir esta responsabilidad y que han recibido la formación para ello. Como Iglesia hemos de abrirles espacios para que asuman un mayor liderazgo en grupos, parroquias, diócesis organizaciones y escuelas católicas.

## Para la reflexión...

1. ¿Cómo evaluarías la manera en que tu comunidad parroquial educa en la fe a los niños y jóvenes hispanos? ¿Qué puede hacer la parroquia para acoger mejor a esta población?

2. De las cuatro categorías de jóvenes hispanos propuestas en este capítulo, ¿cuáles son las que más predominan en tu comunidad y qué se está haciendo para evangelizarles?

3. ¿Existe un grupo de Pastoral Juvenil Hispana en tu parroquia? Si la respuesta es sí, ¿qué clase de catequesis se realiza en este grupo? Si no es así, ¿qué crees que puedes hacer con otras personas de la comunidad para comenzar un grupo de estos?

# 7. Catequesis de adultos hispanos: un reto urgente

Es típico entre los católicos asumir que cuando hablamos de catequesis pensemos que esta es una actividad dirigida primordialmente hacia los niños y jóvenes. Los católicos hispanos no son la excepción. Entre las razones detrás de esta perspectiva está el hecho de que la mayoría de esfuerzos catequéticos en las parroquias se siguen dirigiendo a la población más joven, debido a que hay una gran necesidad de catequizar este grupo (ver capítulo 6). De vez en cuando, los esfuerzos de formación que se dirigen explícitamente a los adultos no son muy organizados o duran poco. También está el hecho de que, cuando se ofrecen programas de catequesis para adultos, las opciones no son muy atractivas o no satisfacen los intereses de los adultos. A veces parecen ser adaptaciones poco creativas de lo que se le da a los niños. Muchos de los católicos hispanos adultos que migran de Latinoamérica no han participado en programas formales de catequesis para adultos. La mayoría de católicos hispanos adultos que viven en Estados Unidos no tienen la conciencia de la necesidad de que la catequesis también es para ellos. De hecho muchos asumen que lo que ya saben sobre el contenido de su fe es suficiente, siempre y cuando se sigan identificando como católicos o practiquen una devoción o traigan a sus hijos para ser bautizados y recibir otros sacramentos. ¿Es esto suficiente? ¿Podemos los líderes de la catequesis quedarnos con los brazos cruzados ante esta realidad?

Una catequesis de adultos insuficiente o inexistente tiene consecuencias severas para la actividad evangelizadora de la Iglesia. En el año 2010 una encuesta sobre conocimientos religiosos realizada por el Foro Pew sobre Religión y Vida Pública reveló que, de todos los grupos mayores de dieciocho años que forman parte de la sociedad estadounidense, los católicos latinos poseen el nivel más bajo de conocimientos sobre asuntos de religión. Esto es algo que podemos corroborar cada semana cuando nos encontramos con católicos hispanos que vienen a nuestras iglesias a bautizar a sus hijos o en conversación con aquellos que dicen no ir a la iglesia porque están muy ocupados pero que de todos modos se siguen identificando como católicos. Esto no significa que los católicos hispanos no tengan fe, más bien, significa que muchos tienen una fe profunda y vigorosa pero no saben articularla adecuadamente. Muchos no se preocupan por cultivar dicha fe y terminan enfriándose en cuanto a su compromiso de vivir como discípulos auténticos de Jesucristo.

## La urgencia de una catequesis de adultos hispanos

En muchos lugares de Estados Unidos se habla de los católicos hispanos como el futuro de la Iglesia en este país. Esto es verdad, pero a veces se usa esta observación para posponer lo que deberíamos haber hecho hace mucho tiempo y deberíamos hacer hoy: promover una catequesis intensa e insistente entre los católicos hispanos. Quizás es momento de que todos nuestros líderes pastorales y catequéticos comencemos a hablar de que los hispanos son el presente de la Iglesia Católica en este país, de hecho, ya lo son en muchas diócesis y arquidiócesis en donde son mayoría numérica entre los católicos. Por supuesto, esto no significa que la experiencia de los católicos hispanos es la única o la más importante, pues somos parte de una experiencia multicultural muy rica a la cual hemos de poner bastante atención y de la cual hay mucho por aprender.

Es urgente que hagamos un esfuerzo más concertado por catequizar intencionalmente a los adultos hispanos porque estas personas son las que tienen en sus manos la responsabilidad de pasar la fe a la siguiente generación. La comunidad hispana en Estados Unidos es muy joven. El promedio de edad es 27 años.

Esto significa que la mayoría de adultos hispanos está en el ciclo de formación de familias y, por consiguiente, está involucrada en la formación en la fe y los valores de gran parte de la siguiente generación de católicos estadounidenses. La manera en que eduquemos en la fe de la siguiente generación de católicos hispanos impactará, profundamente y sin lugar a dudas, la experiencia católica en el país. Pero para ello, no podemos quedarnos con los brazos cruzados y esperar a que alguien haga esa catequesis por nosotros. Sabemos que, tanto en la experiencia católica, como en la experiencia comunitaria, los padres de familia y demás familiares adultos juegan un papel muy importante en la formación en la fe de los latinos. Pero con frecuencia los adultos católicos hispanos reconocen que no están bien preparados para hablar de la fe con sus hijos, que ellos mismos no están evangelizados. Esta es una llamada urgente a la Iglesia Católica de este país a dedicar todos los esfuerzos y recursos posibles a una catequesis de adultos hispanos ahora mismo.

La necesidad de una catequesis de adultos hispanos está íntimamente ligada a la formación y cultivo de la siguiente generación de líderes católicos, tanto en la Iglesia como en la sociedad. A mediados del siglo XX la Iglesia en Estados Unidos fue testigo del crecimiento más grande en vocaciones a la vida sacerdotal y religiosa que se haya visto en la historia de este país. En la segunda parte de mismo siglo fuimos testigos de una explosión sin precedentes de liderazgo laical, fruto del trabajo de instituciones eclesiales de alto nivel, pastoral, educativo y teológico. Desde una perspectiva histórica podemos observar que

> *La necesidad de una catequesis de adultos hispanos está íntimamente ligada a la formación y cultivación de la siguiente generación de líderes católicos, tanto en la Iglesia como en la sociedad.*

esos altos números de líderes fueron fruto en gran parte de una catequesis de adultos muy organizada que sigue identificando al catolicismo en Estados Unidos. Muchos de ellos se beneficiaron de la educación recibida en escuelas católicas. A comienzos del siglo XXI nos encontramos en medio de una de las transiciones de liderazgo más grande que se haya visto en el país. Esos líderes que transformaron profundamente la experiencia católica en la segunda parte del siglo XX se están jubilando rápidamente. El promedio de edad de los sacerdotes en Estados Unidos es sesenta y cinco años. El promedio de edad de las religiosas es cerca de setenta años. La mayoría de ministros eclesiales laicos es mayor de cincuenta años. La nueva generación de líderes pastorales en nuestras comunidades vendrá de aquellos adultos y jóvenes bien catequizados, muchos de ellos de las comunidades étnicas que hoy en día identifican el catolicismo estadounidense. Es urgente que la catequesis de adultos se intensifique entre los católicos hispanos—básicamente la mitad de la población católica en el país. No todos los adultos que se beneficien de una catequesis de adultos tendrán que ser líderes pastorales. Sin embargo, todos los líderes católicos necesitan estar bien evangelizados. Si hablamos de una crisis de vocaciones al liderazgo, como se argumenta hoy en día, hemos de reconocer que, como católicos, hemos bajado la guardia en la formación catequética de nuestros adultos.

Por último, la catequesis de adultos hispanos es urgente porque cada vez hay más necesidad de que los católicos entremos en la arena pública a discutir, desde una perspectiva católica, temas y situaciones que afectan la vida de toda la sociedad. Necesitamos más católicos hispanos involucrados en la vida política, la organización comunitaria, el mundo de los negocios, las artes, la vida intelectual, etc. Como católicos tenemos mucho que contribuir a la vida de nuestra sociedad en todas estas áreas. Los católicos estadounidenses en general han hecho un trabajo fenomenal en las últimas décadas en este sentido y sus voces son reconocidas y respetadas. A medida que la población católica hispana crece en el país, también incrementará la exigencia de que más católicos hispanos participen la vida pública de nuestra sociedad. Por un lado, esto requiere que estos católicos estén firmemente arraigados en sus convicciones y valores cristianos católicos. Por otro, es urgente que como Iglesia nos comprometamos a ayudar a los adultos y jóvenes hispanos a prepararse formalmente por medio de nuestras escuelas, universidades, seminarios, institutos pastorales y otras iniciativas educativas para responder a las necesidades de nuestra época.

## Principios para la catequesis de adultos

En 1999 los obispos católicos de Estados Unidos aprobaron y publicaron el documento *Sentíamos Arder Nuestro Corazón: Plan Pastoral de Estados Unidos para la formación en la fe del adulto*. Este documento resume de una manera clara y concisa varias ideas clave que en los últimos años se han venido discutiendo con relación a la catequesis de adultos. Muchas de estas ideas son fruto de la experiencia evangelizadora de la Iglesia en Estados Unidos, estudios académicos contemporáneos sobre educación en la fe de adultos y la reflexión sobre documentos universales y nacionales relacionados con la catequesis. *Sentíamos Arder Nuestro Corazón* ofrece una gran variedad de principios que nos pueden ayudar en esta reflexión sobre la catequesis de adultos hispanos. Los siguientes diez principios extraídos del documento, aunque con diferentes términos en algunos casos, nos dan una idea de las metas a las que esta catequesis ha de aspirar.

---

### La catequesis de adultos...

1. Organiza el crecimiento en la fe del adulto
2. Fomenta una vida cristiana adulta
3. Afirma el papel de la familia en la Iglesia y la sociedad
4. Sigue el catecumenado como modelo de catequesis
5. Trata a los adultos como adultos y los involucra en el aprendizaje de la fe
6. Potencia al adulto para ser un discípulo misionero
7. Integra al adulto en la vida parroquial
8. Ayuda a crear conciencia social
9. Es atenta a la experiencia cultural de los adultos
10. Facilita el diálogo entre fe y cultura

---

La catequesis de adultos...

1. *Organiza el crecimiento en la fe del adulto.* Le ayuda a los adultos a crear marcos de referencia que le permitan organizar su fe. En lugar de memorizar o aprender elementos como si estos existiesen por separado, una catequesis de adultos ayuda a establecer conexiones que invitan a reconocer la armonía que existe entre la Sagrada Escritura, la doctrina, la espiritualidad, la vida sacramental y el compromiso cristiano. La catequesis de adultos reconoce que el crecimiento en la fe es un proceso que no tiene término sino que siempre abre nuevas puertas y ventanas al misterio de Dios.

2. *Fomenta una vida cristiana adulta.* Una de las características de la experiencia adulta es la visión integral de la realidad al igual que el nivel de responsabilidad que se asume. La catequesis de adultos acompaña a la persona a madurar en su fe. Pero dicha madurez no es independiente de su madurez personal. No se puede esperar que un adulto inmaduro a nivel personal sea un creyente cristiano maduro al mismo tiempo. Las dos dimensiones han de ir de la mano. En la catequesis hemos de

ayudar al adulto a reconocer las áreas de su vida que necesitan crecimiento para así unirlas a la fe. La meta es que la persona desarrolle una visión integral de la realidad y asuma mayor responsabilidad a la luz de los valores cristianos.

3. *Afirma el papel de la familia en la Iglesia y la sociedad.* La gran mayoría de adultos tienen responsabilidades familiares: hijos, esposos y esposas, padres, abuelos y otros familiares. La catequesis de adultos no desconoce estas relaciones sino que las presume como parte de la formación en la fe. Cuando esto ocurre, los adultos se comprometen en la formación de familias auténticamente cristianas, iglesias domésticas, que dan testimonio tanto en la Iglesia como en la sociedad de lo que significa ser cristiano en la vida diaria, amando y respetando, perdonando y ayudándose mutuamente con el amor y la gracia de Cristo resucitado.

4. *Sigue el catecumenado como modelo de catequesis.* Una de las características del catecumenado bautismal es su carácter de camino o jornada. No es un programa más, sino un proceso de acompañamiento. La catequesis de adultos sigue el mismo principio. Entra en relación con los adultos, les acompaña, les invita a celebrar, les forma para que sigan profundizando en la fe y les envía constantemente. Cada vez que se cateniza a los adultos el proceso se repite, pues siempre es una oportunidad para renovar la iniciación cristiana original y afirmar el compromiso de fe hecho en el momento del Bautismo.

5. *Trata a los adultos como adultos y los involucra en el aprendizaje de la fe.* Nada más desalentador que cuando se trata a un adulto como si fuera un niño o una persona incapaz de asumir las responsabilidades de su fe. La catequesis de adultos no es una adaptación de la catequesis de niños. Es una experiencia en la cual el lenguaje, los símbolos, los ejemplos, los compromisos y los análisis que acompañan a la catequesis

claramente tienen un carácter adulto. El adulto cuenta con la experiencia invaluable de la vida, la cual ha de afirmarse y usarse como punto de partida. El adulto no es simplemente un recipiente de información sobre la fe; la persona adulta ha de ser invitada a participar con entusiasmo en su propia formación reconociendo que una de las características de ser adulto es involucrarse en la vida de comunidad y contar con otros cuando sea necesario. La catequesis ha de ofrecerle al adulto las herramientas necesarias para su crecimiento tanto personal como comunitario.

6. *Potencia al adulto para ser un discípulo misionero.* La catequesis de adultos es una catequesis profundamente bautismal. Como bautizado, el creyente está llamado a ser un discípulo de Jesucristo que da testimonio constantemente de Aquel a quien sigue con su vida. Es una catequesis que debe recordar al creyente cristiano que su identidad como persona bautizada se actualiza en todo momento que participa de la misión evangelizadora de la Iglesia, con sus palabras y acciones, sus decisiones y compromisos.

7. *Integra al adulto en la vida parroquial.* Los adultos y sus familias con frecuencia son miembros de una comunidad parroquial en donde comparten y celebran la fe en comunidad. La catequesis abre el horizonte para que los adultos aprecien mejor lo que significa ser parte de la comunidad parroquial. Les prepara para que aprovechen las oportunidades de formación, a que celebren y oren en estrecha relación con el Dios de la Vida, a que construyan comunidad participando en los distintos eventos de la parroquia y a que apoyen la obra de Dios que se lleva a cabo en sus comunidades parroquiales. La catequesis ayuda a los adultos a reconocer que la parroquia es un recurso que depende de ellos y que al mismo tiempo ellos encuentran en la parroquia una comunidad que les acompaña en su camino de fe.

8. *Ayuda a crear conciencia social.* La persona adulta es más consciente de los muchos retos que enfrentan muchas personas en la vida diaria: pobreza, discriminación, maltrato, falta de trabajo, enfermedad, violencia, etc. Ante todas estas situaciones el adulto católico se pregunta: ¿cómo puedo responder a la luz de mi fe? La catequesis es una oportunidad especial para que los adultos analicen la realidad en la que viven y la critiquen a la luz del Evangelio. Esta es una catequesis que le ayuda a los adultos a descubrir y denunciar la presencia del pecado. Al mismo tiempo es una catequesis que ayuda a reconocer los signos de la gracia de Dios en la vida diaria. La catequesis de adultos es un espacio privilegiado para facilitar un encuentro con la riqueza de la Doctrina Social de la Iglesia.

9. *Es atenta a la experiencia cultural de los adultos.* En la catequesis con adultos nos encontramos con una buena oportunidad para reconocer que hay símbolos, ideas, prácticas y tradiciones culturales por medio de las cuales todos los seres humanos interpretamos la vida. Con frecuencia esos son los símbolos, ideas, prácticas, ritos y tradiciones culturales que usamos para relacionarnos con Dios y, por ello, la catequesis de adultos debe tenerlos en cuenta. Ya sea que hablemos de cultura popular o de cultura en un sentido más profundo, la catequesis de adultos no ocurre en un espacio neutral o vacío, por lo cual siempre necesita estar atenta a las realidades culturales de quienes participan en ella. En nuestro contexto culturalmente diverso en Estados Unidos, los catequistas de adultos han de estar atentos al uso del idioma y otras expresiones culturales de las distintas comunidades que viven en nuestras parroquias, los cuales pueden ayudar a comunicar la verdad del Evangelio. Al mismo tiempo, la catequesis ha de ayudar a los adultos a identificar qué elementos culturales obstaculizan el encuentro con Dios y ofrecer alternativas para responder a dichos elementos.

10. *Facilita el diálogo entre fe y cultura.* La vida de los adultos normalmente se desenvuelve entre sus familias y sus trabajos, entre la vida privada y la vida pública. En medio de esta dinámica los adultos cristianos han de hacer todo lo posible para compartir la Buena Nueva. La catequesis de adultos debe preparar a los creyentes adultos a dialogar con la cultura, a reconocer las oportunidades para presentar la verdad y el amor de Cristo, y a retar a la misma cultura en aquellas circunstancias que impiden que Dios sea conocido. Para ello, la catequesis debe equipar a los adultos con un buen conocimiento de su fe. También ha de proveerles el lenguaje y las herramientas necesarias para que el diálogo entre fe y cultura sea productivo y conduzca a todos a experimentar la presencia del Reino de Dios aquí y ahora.

## Algunas ideas básicas para una catequesis de adultos hispanos

En el capítulo 4 de este libro indicábamos que existen ciertos elementos culturales comunes que es posible identificar entre las comunidades hispanas en Estados Unidos a pesar de la diversidad que las caracteriza. Entre ellos nombramos la identidad católica que permea la experiencia de la mayoría de hispanos, su sentido profundo de familia y comunidad, una visión sacramental del mundo, un espíritu de solidaridad y compromiso social, y el uso continuo del español al igual que la afirmación de las características de la cultura latina. Estos elementos ciertamente han de estar presentes en todo proceso de planeación de programas y preparación de materiales para formación en la fe de adultos católicos hispanos.

Junto con estos elementos, los programas de catequesis con adultos harán bien en incorporar espacios para afirmar las siguientes realidades que son parte de la experiencia cultural hispana que pueden ayudar a que una catequesis de adultos sea efectiva:

Las distintas culturas hispanas presentes en Estados Unidos son herederas de una rica tradición de cultura oral. El uso de historias personales es muy frecuente en contextos de catequesis de adultos, puesto que permiten a la persona hacer conexiones entre lo que se está aprendiendo sobre la fe y la vida diaria. Por ello vale la pena integrarlas constantemente en la formación catequética. Las historias personales se presentan normalmente como testimonios de cómo Dios obra en las vidas de los creyentes o de cómo ellos han encontrado que cierto elemento de la fe encaja en sus vidas. Estas historias hacen que el aprendizaje y la reflexión sobre los asuntos de fe adquieran un rostro y tengan referencias específicas a tiempos y lugares... *sus* tiempos y *sus* lugares. A estas historias personales se les unen las historias de conversión o apariciones o celebraciones religiosas, entre muchas otras, que dan vida a las narrativas que son parte de la historia de la salvación. De hecho, el uso de historias personales en la catequesis de adultos hispanos es una afirmación de que la vida de estos creyentes y sus familias también son parte de la historia de salvación en la cual Dios sale a nuestro encuentro.

Una segunda idea que vale la pena tener en cuenta en la planeación de la catequesis con adultos hispanos es la relación estrecha que hay entre la celebración de la fe, el compartir alimentos y tiempo juntos como actividad social, y el espíritu festivo de las reuniones hispanas. Una manera de recordar estas tres dinámicas es por medio de las palabras *misa, mesa y musa*. No es extraño que quienes trabajan en el ministerio hispano descubran que normalmente cuando la comunidad hispana se reúne estas tres dimensiones van juntas. *Misa, mesa y musa* evocan el espíritu festivo y de celebración propio de la comunidad hispana. También evocan el espíritu comunitario que es parte de la identidad latina. Por ello es muy normal que en las reuniones hispanas esté presente la familia, especialmente los niños. Una catequesis de adultos hispanos debiera ser siempre un espacio en donde la familia pueda orar, compartir y celebrar juntos. Cuando *misa, mesa y musa* se mantienen juntas, su poder catequético y evangelizador es grande: cuando celebramos nuestra fe, recordamos que no estamos solos y que lo hacemos con gran alegría; cuando compartimos alimentos y la compañía de otros, lo hacemos como pueblo cristiano que reconoce la presencia de Dios en el prójimo y celebra el don de la vida; cuando celebramos con un espíritu de fiesta, damos gracias por la oportunidad de recibir la fe que nos hace discípulos de Jesucristo y de vivirla con otras personas que también han sido llamadas a la misma vocación.

Finalmente, una catequesis de adultos hispanos hace bien en afirmar el espíritu generoso de la comunidad hispana. En otras palabras esta debe ser una catequesis que esté al servicio de la *espiritualidad del compartir* (en algunos sectores se habla de "corresponsabilidad"). Cuando analizamos la experiencia católica anglosajona estadounidense, no cabe duda de que una de las características más extraordinarias de este grupo es la filantropía (generosidad con los bienes económicos).

> *La catequesis de adultos debe fomentar una espiritualidad que motive a compartir generosamente nuestro tiempo, talento y tesoro*

Gracias a dicha generosidad abundante se han construido miles de iglesias, escuelas, hospitales, edificios de servicios, centros pastorales y se apoya el trabajo evangelizador de la Iglesia tanto en Estados Unidos como en otras partes del mundo. Los católicos hispanos poco a poco están asumiendo más responsabilidad por las necesidades económicas de las comunidades e instituciones católicas en donde se encuentran, aunque todavía hay mucho por hacer en este sentido a medida que catequizamos a esta población. También hay que reconocer que, a veces la situación socioeconómica de muchas familias latinas que llegan a las iglesias católicas no les permite dar más de lo que quisieran, ya sea porque tienen poco o porque muchos de sus recursos se destinan a apoyar familiares en otras partes del mundo. Pero lo que sí es evidente es que hay una *espiritualidad del compartir* profundamente arraigada en la identidad cultural y religiosa de los católicos latinos. Si definimos la generosidad solo desde una perspectiva económica corremos el riesgo de perder de vista otras dimensiones de la *espiritualidad del compartir* tales como el sacrificio generoso del tiempo y los talentos que caracteriza a muchos hispanos. La catequesis de adultos hispanos debe ser una oportunidad para afirmar los elementos de la *espiritualidad del compartir* que ya los caracterizan, teniendo en cuenta las circunstancias en que cada comunidad vive—pues no todos los católicos hispanos viven en las mismas condiciones socioeconómicas. Una catequesis de adultos debe ser una oportunidad para educar a la comunidad hispana a ser generosos con su tiempo, con sus talentos y con sus bienes de maneras que vayan más allá de lo que han hecho tradicionalmente.

## Para la reflexión...

1. Cuando piensas en los católicos hispanos adultos de tu familia y de tu comunidad, ¿crees que la catequesis de adultos es importante? ¿Por qué?

2. ¿Cuál de las diez características de una catequesis de adultos te llamó más la atención? ¿Por qué?

3. ¿Qué puedes hacer en tu familia o tu comunidad parroquial para fomentar la unidad que debiera existir entre misa, mesa y musa?

# 8. La catequesis hispana en un contexto multicultural

Ser católico en Estados Unidos a comienzos del siglo XXI es participar de una de las experiencias más fascinantes a nivel de diversidad cultural. Los católicos en este país literalmente podemos asociar nuestras raíces a casi toda nación, raza y etnicidad en el mundo entero. La mayoría de los católicos hispanos nacieron en Estados Unidos, pero entre los inmigrantes encontramos católicos procedentes de todos los rincones del mundo de habla hispana en Latinoamérica, el Caribe y España. Pudiera ser tentador pensar que, porque el número de católicos hispanos está creciendo rápidamente en el país y en muchas partes los hispanos son una mayoría numérica, entonces la energía y recursos catequéticos de la Iglesia debieran ir primordialmente a esta comunidad. Tal sería una visión demasiado reducida, incluso excluyente. Se nos invita a pensar en iniciativas catequéticas y evangelizadoras que valoren la riqueza de culturas que dan vida a los católicos en Estados Unidos. Todos somos responsables de afirmar esta diversidad cultural. Una catequesis hispana no puede ser solo para los hispanos. Ha de ser una catequesis que parta de la experiencia hispana y desde allí entre en diálogo con otras experiencias culturales, afirmándolas y aprendiendo de ellas.

> *Una catequesis hispana no puede ser sólo para los hispanos. Ha de ser una catequesis que parte de la experiencia hispana y desde allí ha de entrar en diálogo con otras experiencias culturales, afirmándolas y aprendiendo de ellas.*

La diversidad cultural y lingüística entre los católicos en Estados Unidos no es una novedad. De hecho, el catolicismo estadounidense siempre ha sido una experiencia inmigrante. Los primeros católicos en el país llegaron de España durante la época de la colonia. Más adelante inmigrantes católicos ingleses se establecieron en el Este del país e inmigrantes católicos franceses hicieron lo mismo en el Norte, en el territorio que colinda con Canadá. Luego, durante las grandes migraciones desde Europa durante los siglos XVIII, XIX y comienzos del siglo XX, católicos de varias nacionalidades se establecieron en los grandes centros urbanos en las costas del país y desde ahí se expandieron al resto del territorio. Durante el siglo XX y comienzos del siglo XXI la ola migratoria de católicos más grande vino de Latinoamérica, la cual sigue transformando rápidamente la experiencia católica en todo rincón de la geografía estadounidense. A esta ola se suma una gran migración de católicos provenientes de distintos países asiáticos durante el último medio siglo. Los católicos afroamericanos han sido parte de la historia de este país por varios siglos; una historia ciertamente con altibajos pero que, al final, es testimonio de fidelidad y esperanza. En las últimas décadas también ha incrementado el número de inmigrantes católicos de raza negra provenientes de todas partes del mundo, especialmente de África y el Caribe. Por último, existe un grupo pequeño de católicos indígenas estadounidenses que se mantiene fiel a la vida de la Iglesia y constituye parte importante del mosaico de culturas que da vida al catolicismo en este país.

Una de las preguntas que los católicos en Estados Unidos se han hecho desde el principio es si una de las metas de la evangelización es ignorar o afirmar las particularidades culturales de quienes forman parte de nuestras comunidades. La pregunta aplica a la catequesis también: ¿Debemos avanzar en una catequesis culturalmente neutra y exclusivamente enfocada en elementos doctrinales y en la celebración de los sacramentos? La tentación de pensar en un tipo de catequesis "neutra" se fundamenta principalmente en la ilusión de que, el ignorar las particularidades culturales de los católicos (su idioma o sus devociones entre otros) nos llevará a un catolicismo más universal y objetivo. La idea parece atractiva en teoría, pero la realidad es que esto nunca ha funcionado. En la historia del catolicismo en Estados Unidos, los católicos que han llegado de otras partes del mundo han traído lo mejor de sus culturas y lo han mantenido de una u otra manera. Las parroquias nacionales (parroquias que servían a personas de una cultura o nacionalidad o idioma en particular) son el mejor ejemplo de cómo la evangelización y la catequesis se hacían respondiendo a las particularidades y necesidades de cada grupo étnico. Hoy en día la mayoría de grupos étnicos y lingüísticos en la Iglesia Católica en de Estados Unidos buscan retener la riqueza de sus culturas a medida que crecen en su relación con Dios. En lugar de asimilación muchos hablan de integración.

Es imposible—y sería al mismo tiempo una decisión pedagógicamente pobre—separar la vida del proceso de aprendizaje de la fe. Si la fe no se puede insertar en la realidad de nuestra vida cotidiana, incluyendo nuestra particularidad cultural, se convierte en una experiencia artificial e impuesta. Cuando hablamos de vida, nos referimos a la cultura, el idioma, los símbolos con los que interpretamos la realidad, nuestras relaciones, etc. Es irónico que en ciertos sectores se hable de la necesidad de dejar de lado las diferencias culturales para asimilarse en la cultura dominante, la cual con frecuencia se identifica con perspectivas anglosajonas y el uso generalizado del idioma inglés. Nos podemos preguntar si la

> *Es imposible separar la vida del proceso de aprendizaje de la fe. Si la fe no impacta la realidad de nuestra vida cotidiana, incluyendo nuestra particularidad cultural, se convierte en una experiencia artificial e impuesta.*

misma regla debiera aplicarse en aquellas partes del país en donde la mayoría de los católicos son hispanos o asiáticos: ¿debemos asimilarnos en la cultura dominante del lugar en donde nos encontramos? Más que asimilación, necesitamos ser creativos en nuestros procesos catequéticos y evangelizadores para ver cómo podemos integrar las muchas experiencias culturales que dan vida a los católicos en Estados Unidos.

Teniendo en cuenta estas reflexiones nos preguntamos: ¿qué clase de catequesis se necesita en un contexto multicultural? En el contexto de este libro la pregunta es incluso más específica: ¿qué clase de catequesis hispana es necesaria en medio de la realidad multicultural que identifica al catolicismo en Estados Unidos? La respuesta a estas preguntas pudiera ser el objeto de un libro entero. Centremos nuestra atención en lo que pudiéramos considerar como pilares para una catequesis hispana con sentido multicultural.

## La cultura es importante

Cuando hablamos de cultura nos referimos al contexto en el cual nuestra vida se desenvuelve diariamente. Es como vivir en una matriz dentro de la cual aprendemos todo lo que necesitamos para realizarnos como ser humanos, interpretar la realidad y relacionarnos con otras personas. En la cultura aprendemos las palabras, los símbolos, los códigos, los ritos, los valores y convicciones que poco a poco forman nuestra personalidad. En la cultura aprendemos a imaginar la sociedad en la que queremos vivir. También aprendemos a ser familia y a interactuar con instituciones. En la cultura nos encontramos con Dios al igual que todas aquellas realidades que nos ayudan a entender su presencia en nuestras vidas. Todo ser humano nace y crece en medio de un contexto cultural específico. Nadie puede decir que está fuera de una cultura. Mientras más tiempo pasamos en una cultura, más somos influenciados por su ella. Aunque las culturas nos definen en gran parte, nosotros tenemos la última palabra para redefinirlas con nuestras decisiones y cuando creamos conveniente podemos cambiar de ambiente cultural.

Todo esfuerzo evangelizador y catequético debe comenzar por reconocer que venimos de culturas particulares en donde lo que hemos recibido puede favorecer o desalentar la vivencia de la fe. Por supuesto, la catequesis necesita afirmar todo aquello que favorece la fe y, a la vez, necesita denunciar y contrarrestar todo aquello que no permite un encuentro real con Jesucristo. En contextos multiculturales tal como el catolicismo en Estados Unidos, no existe una sola perspectiva cultural que se deba imponer sobre las demás bajo el argumento de que se trata del único camino para encontrarse con Dios. El Evangelio es uno pero se hace vida en las distintas culturas. A esto es lo que la Iglesia llama "inculturación". Por eso, necesitamos una catequesis que sinceramente reconozca el potencial que muchas culturas tienen de mediar la presencia de Dios; una catequesis que ayude a los creyentes a reconocer los signos de gracia que están en ellas y les permita sentirse orgullosos de lo que son sin tener que rechazar otras experiencias. La catequesis hispana es una oportunidad especial para valorar la riqueza de las culturas hispanas presentes en Estados Unidos de la misma manera que las muchas otras culturas que constituyen la experiencia católica en el país.

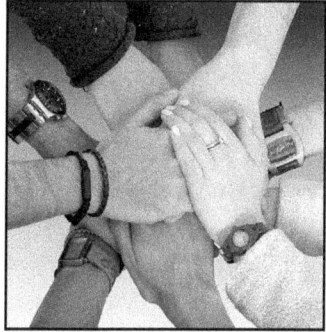

## Una catequesis que parte de lo particular con una visión universal

La autenticidad de la catequesis hispana radica en su fidelidad al mensaje del Evangelio y la autenticidad de la catequesis hispana radica en su fidelidad al mensaje del Evangelio y la afirmación de las experiencias culturales hispanas por medio de las cuales millones de católicos en Estados Unidos se encuentran con Dios diariamente. El proceso de compartir la fe con los católicos hispanos por medio de la catequesis exige que estemos atentos a aquellas realidades con las cuales este grupo está familiarizado. Ya sean prácticas religiosas, historias, devociones o rituales, todos ellos sirven como punto de partida para facilitar un encuentro más profundo con la Palabra de Dios y la persona de Jesucristo. Para crecer en la fe como católicos en Estados Unidos, los hispanos no necesitan dejar atrás la riqueza de su cultura o sus idiomas o aquellas expresiones que han heredado de sus familiares y han servido para mantener su identidad católica por muchas generaciones. Mientras más atentos estén los católicos hispanos a estas realidades y las hagan suyas, más comprometidos estarán en el proceso de ser evangelizados y de evangelizar a otros— comenzando con sus familias.

Conscientes de ser parte integral del contexto eclesial estadounidense, los católicos hispanos han de reconocer que participan de la responsabilidad de ser evangelizadores y catequistas para toda la Iglesia, no solo para los hispanos. La riqueza cultural de la experiencia católica hispana se convierte entonces en un regalo para otras comunidades de fe. Estas otras comunidades están invitadas a reflexionar y celebrar la presencia del Dios de la Vida en Jesucristo con el pueblo hispano. Esto exige una catequesis que ayude a otros a entender el porqué de ciertas prácticas, expresiones e historias. También una catequesis que permita a los distintos grupos culturales que forman parte de la Iglesia en Estados Unidos, incluyendo a los grupos anglosajones, a descubrir lo que tienen en común con otros en cuanto a la forma en que entienden y celebran la fe. Este tipo de catequesis normalmente nos lleva a descubrir que tenemos más en común de lo que imaginábamos, pues, de hecho, enriquecen a todos.

## Competencias interculturales

En una Iglesia que es cada vez más consciente de su identidad multicultural, especialmente cuando las estrategias pastorales insisten no en asimilación sino en integración, se requiere que los agentes evangelizadores y catequéticos seamos *competentes* para servir en medio de la diversidad cultural. En los últimos años los católicos en Estados Unidos hemos venido hablando de la necesidad urgente de formar agentes pastorales que tengan competencias interculturales. Agentes pastorales de todas las familias étnicas que forman parte de nuestra Iglesia, desde los obispos hasta los catequistas parroquiales, necesitamos ser interculturalmente competentes. No hay excusa; no hay excepciones. La Conferencia de Obispos Católicos de Estados Unidos (USCCB, por su sigla en inglés) ha tomado el liderazgo para motivar este tipo de formación en todos los campos de la formación pastoral: seminarios, casas de formación de religiosos, institutos pastorales, universidades y otros centros. Los obispos definen *competencia intercultural* como la "capacidad de comunicarse, relacionarse y trabajar más allá de los límites culturales". Dicha competencia exige desarrollar capacidades en cuanto a conocimiento, a habilidades y a actitudes.

---

### ¿Qué significa tener competencia intercultural?

*Competencia intercultural* es la capacidad de comunicarse, relacionarse y trabajar más allá de los límites culturales. Dicha competencia exige desarrollar capacidades en cuanto a *conocimiento*, *habilidades* y *actitudes*.

---

Tener competencias interculturales implica *conocer...*
- Más de una perspectiva sobre las cosas
- Distintas interpretaciones de la misma realidad cultural
- La dinámica general de la comunicación intercultural
- Más de un idioma

Tener competencias interculturales implica tener la *habilidad de*...
- Sentir empatía por los demás
- Tolerar la ambigüedad
- Adaptar la comunicación y la conducta

Tener competencias interculturales consiste en desarrollar *actitudes* que nos permitan...
- Estar abiertos a otras personas y otras culturas
- Querer aprender sobre otras culturas e interactuar con ellas
- Entender la interacción cultural como una manera de vivir, no un problema a resolver
- Crear la consciencia de otras realidades

Cada vez que somos parte de una experiencia catequética en el contexto del ministerio hispano nos encontramos con una oportunidad especial para introducir y fomentar estas competencias interculturales. Por lo general, los agentes pastorales hispanos y muchos otros que están sinceramente comprometidos con el ministerio hispano han desarrollado muchas de estas competencias instintivamente al moverse en ambientes bilingües y biculturales como parte de su experiencia diaria, tanto en la familia como en la comunidad eclesial. El reto es seguir creciendo en estas competencias y ayudar a otros líderes a cultivarlas.

## Pedagogías que favorezcan el diálogo intercultural

Hoy en día sabemos más sobre la diversidad de estilos de aprendizaje que caracterizan al ser humano. Hay personas que aprenden mejor leyendo, otras actuando, otras escuchando; algunas prefieren trabajar en grupos y otras individualmente; a algunas se les facilitan las humanidades mientras que otras prefieren las ciencias. De ahí se desprende la multiplicidad de vocaciones que encontramos en las sociedades. El aprendizaje y la vivencia de la fe no son la excepción. El mundo de la catequesis permanece en diálogo constante con las ciencias humanas y las ciencias de la educación para ver cómo podemos compartir mejor la riqueza de la fe. Casi todo documento contemporáneo sobre catequesis invita a un estudio consciente sobre pedagogía. En medio de estos estudios también se ha descubierto que las distintas culturas tienden a enfatizar unas áreas del aprendizaje más que otras. Las culturas hispanas, por ejemplo, tienden a enfatizar el aprendizaje oral, la interacción en grupo y la integración de las emociones en los procesos educativos.

Los líderes pastorales y las personas que catequizamos en ambientes multiculturales nos encontramos en una posición privilegiada para aprender de las muchas maneras de hablar, actuar, aprender y enseñar que tienen los católicos de distintas culturas. Por ello es muy importante que en la formación de catequistas, los preparemos para responder a los retos de compartir la fe con personas de distintas culturas. Quizás una de las necesidades más urgentes es desarrollar modelos de enseñanza catequética que favorezcan el diálogo intercultural. La catequesis debe ser un espacio en el que los creyentes puedan hablar con libertad sobre su fe y la manera en que la viven familiar y culturalmente. Cuando esto ocurre, se robustece la dinámica de formación en la fe que busca integrar la experiencia familiar, la vida diaria del creyente y lo que se recibe en la Iglesia.

## Materiales y currículo que reflejen la diversidad cultural

En un ambiente multicultural, los recursos que se escogen para la catequesis y la evangelización juegan un papel muy importante. Por ejemplo, si usamos imágenes para comunicar que la Iglesia es una comunión en la diversidad pero en esas imágenes solo vemos personas de uno o dos grupos raciales mientras que ignoramos a los demás, dichas imágenes limitan o contradicen el mensaje. De la misma manera, la catequesis ha de hacer todo lo posible por integrar historias, experiencias, personajes, preguntas y situaciones relacionadas directamente con la vida de las comunidades culturales que constituyen la Iglesia en Estados Unidos. Esta estrategia tiene un efecto doble. Por un lado, permite que quienes usan los materiales catequéticos los sientan suyos porque encuentran conexiones personales que afirman su identidad cultural. Por otro, educan a quienes participan en la catequesis invitándolas a hablar del mismo tema, viéndolo a través de varias perspectivas culturales.

En general el currículo que se sigue en las distintas formas de catequesis corresponde a guías diocesanas o nacionales. Las casas editoriales hacen un trabajo muy bueno elaborando libros y otros materiales que hacen vida dichas guías curriculares. Es importante que estas casas editoriales se mantengan atentas a la diversidad cultural de la población que están sirviendo. Muchas veces sus recursos tratan de ser estratégicamente generales para ser usados en varios contextos, pero con ello se corre el riesgo de no afirmar la particularidad cultural de las comunidades. Por ello quienes dirigen la catequesis a nivel parroquial regularmente necesitan adaptar estos materiales, enriqueciéndolos con recursos que estén relacionados con la experiencia de la población que sirven. Nuevamente, la clave está en cómo formamos a quienes coordinan la catequesis y a sus catequistas para que estas adaptaciones se hagan naturalmente.

## Para la reflexión...

1. ¿Tu actitud cuando contemplas la realidad multicultural del catolicismo en Estados Unidos es positiva o negativa? Explica

2. Describe tu reacción a la afirmación hecha en este capítulo: *La catequesis hispana ha de partir de la experiencia hispana y desde allí ha de entrar en diálogo con otras experiencias culturales, afirmándolas y aprendiendo de ellas.* ¿Cómo se puede hacer esto en tu parroquia?

3. ¿Podrías decir que, como líder pastoral o catequético, eres interculturalmente competente? (Revisa los criterios presentados en el capítulo antes de responder) ¿Qué área(s) necesitas mejorar?

# Referencias bibliográficas

En los últimos años varios se han publicado varios documentos oficiales sobre la Nueva Evangelización tanto a nivel del Vaticano como de las distintas conferencias episcopales e incluso a nivel diocesano. La mayoría se encuentra en línea. Invito a los lectores a estudiar estos documentos en la medida de lo posible para fortalecer varias de las ideas compartidas en este libro. La siguiente lista ofrece una serie de fuentes que vale la pena tener en cuenta para seguir profundizando en la relación entre catequesis y evangelización en el contexto del ministerio hispano:

Burgaleta, Claudio, *La fe de los hispanos: Diversidad religiosa de los pueblos latinoamericanos*. Liguori, MO: Liguori, 2013.

Catecismo de la Iglesia Católica. Disponible en línea en www.vatican.va

CELAM, *Quinta Conferencia General del Episcopado Latinoamericano, Aparecida: Documento Conclusivo*. Bogotá, Colombia: CELAM, 2007. Disponible en línea en http://www.celam.org/conferencia_aparecida.php

Concilio Vaticano II (Documentos). Disponibles en línea en www.vatican.va

Congregación para el Clero, *Directorio General para la Catequesis y ha autorizado la publicación*. Ciudad del Vaticano: Librería Editrice Vaticana, 1997. Disponible en línea en www.vatican.va

Matovina, Timothy, *Catolicismo Latino: La transformación de la Iglesia en Estados Unidos (Versión abreviada)*. Liguori, MO: Liguori, 2013.

National Catholic Network de Pastoral Juvenil Hispana –La Red, *Primer Encuentro Nacional de Pastoral Juvenil Hispana (PENPJH): Conclusiones*. Washington, D.C.: USCCB, 2008.

Ospino, Hosffman, ed., *El Ministerio Hispano en el Siglo XXI: Presente y Futuro*. Miami, FL: Convivium, 2010.

Ospino, Hosffman, *El catecismo de Pedro: ¿Quién Dices Que Soy Yo? ¿Por Qué Dudas? ¿Me Amas?* Liguori, MO: Liguori, 2011.

Pablo VI, *Evangelii Nuntiandi*, Exhortación Apostólica acerca de la evangelización en el mundo contemporáneo, 1975. Disponible en línea en www.vatican.va

United States Conference of Catholic Bishops, *Directorio Nacional para la Catequesis*. Washington, DC: USCCB, 2005.

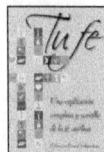